谨以此书纪念儿子、女儿、先生与我一起走过的人生风暴，他们的平安与陪伴是本书出版的动力。

[家庭重塑系列]

上瘾的治疗与陪伴
全人关怀心灵辅导手册

王倩倩 著

四川大学出版社
SICHUAN UNIVERSITY PRESS

项目统筹：张　晶　张伊伊
责任编辑：张伊伊
责任校对：王　玮
封面设计：李东记　邓　涛　阿　林
责任印制：王　炜

图书在版编目（CIP）数据

上瘾的治疗与陪伴 / 王倩倩著 . — 成都：四川大学出版社，2018.12
（家庭重塑系列）
ISBN 978-7-5690-2659-7

Ⅰ . ①上… Ⅱ . ①王… Ⅲ . ①社会问题－研究 Ⅳ . ① C913

中国版本图书馆 CIP 数据核字（2018）第 294949 号

本书经由城邦文化事业股份有限公司【商周出版】授权
国际简体中文版授权 / 深圳市爱及特文化发展有限公司
四川省版权局著作权登记图进字 21-2019-614 号

书名	上瘾的治疗与陪伴
	SHANGYIN DE ZHILIAO YU PEIBAN
著　者	王倩倩
出　版	四川大学出版社
地　址	成都市一环路南一段 24 号（610065）
发　行	四川大学出版社
书　号	ISBN 978-7-5690-2659-7
印前制作	跨克
印　刷	深圳希望印务有限责任公司
成品尺寸	170 mm×230 mm
印　张	11.25
字　数	139 千字
版　次	2020 年 1 月第 1 版
印　次	2020 年 1 月第 1 次印刷
印　数	0001-6000
定　价	58.00 元

版权所有 ◆ 侵权必究

◆ 读者邮购本书，请与本社发行科联系。
　电话：(028)85408408/(028)85401670/
　(028)86408023　邮政编码：610065
◆ 本社图书如有印装质量问题，请寄回出版社调换。
◆ 网址：http://press.scu.edu.cn

四川大学出版社
微信公众号

给无名的陪伴者

亲爱的伙伴,我不认识你,
但是我要向你致以最高的敬意!
也许你是曾经为孩子流泪、伤痕累累的父母,
也许你是引导学生走正路的老师,
也许你是拥有爱心的义工伙伴……
我不认识你,
但我知道你是那位放下九十九只羊,
耗尽精力去寻找那只迷羊的好牧人;
也是展开双臂拥抱受伤者的好邻居。
我知道你总是毫无怨言地默默陪伴,
总是毫无保留地付出你的所有,
为这个社会点燃微弱的烛光,增添一点向上的力量。
这本书就是为你而写的,我的朋友。

序

天使，除了拥有一颗爱心，还要有一双强有力的翅膀

上瘾，是灵魂最沉重的失落……
价值观错乱、药物滥用、网络迷惘、家庭失能……
许多人眼睁睁地看着家人沉沦却无可奈何，
盼望这本书的诞生，能为这个时代增添向上的力量，寻找向上的途径……

据初步统计，近年来台湾每小时就有六对夫妻离婚，也就是说每小时有六个家庭破碎，由此衍生出来的家庭问题及伤害，巨大到难以想象。我们迫切需要忠心耿耿、见多识广的"陪伴天使"来做"补破网"的工作。我们无法依赖学者专家给的建议，更不能借着周而复始的"医治释放"解决人生的难题；面对人生难题时，身旁"陪伴者"的付出与关怀，就是改变生命的真正力量！

潜在的危机随处可见，网络无限扩张，扭曲的价值观影响着年轻一代。我曾经在台湾西部、东部演讲，了解到有的村庄竟有一半以上的人吸毒、酗酒，最可怕的是这种恶习"代代相传"。地方管

理者忧心如焚却无可奈何，人力、财力的匮乏让情况更加恶化。我问一位接待我的地方管理人员："现在你们最需要的是什么？"他告诉我："人，能长期委身的人。"

即使环境十分险恶，也仍然有心地善良的帮助者环绕着我们，让身陷"战场"的亲人不至于孤军奋战。

我是怎么发现这个情况的？当我首次举办我的第一本书《上瘾的真相》新书分享会时，看到排着长龙等待签名的读者，真是吃了一惊："他们是谁？怎么会有这么多人买书？"当知道《上瘾的真相》数度荣登博客来网络书店畅销书宝座时，我更是惊讶万分！这年头愿意读书的人本就不多，谁还愿意买这种"冷门书"？

我询问这些读者为什么买《上瘾的真相》，听着听着，我的眼泪止不住往下掉……

"我朋友的孩子吸毒，我想送这本书给他。"

"我叔叔的小孩上网成瘾，他应该需要。"

"我是老师，希望能借着这本书帮助孩子。"

"我是工厂的小组长，希望能帮助我的组员。"

"我是反毒义工，需要这样的工具书。"

"我是法院观护人，等这样的书等了很久。"

"我是义工，想知道学生染毒我要怎样处理。"

"我哥哥吸毒，我想帮助他。"

…………

身为母亲，我常常感到极度无奈与无力，我们的孩子追求自我与独立，却对社会的黑暗毫无防备。奇妙的是，我曾经走过人生死荫幽谷的经验，透过我的笔端，触动每一位陪伴者，使他们愿意付出代价成为孩子的守护者："守护这个世代，守护在毒瘾中挣扎的孩子，看顾被病魔折磨的病人，陪伴被抑郁症禁锢的朋友，以及躲在阴暗角落不敢面对真实人生的上瘾者。"这些陪伴者激励着我，使我愿意"多走一里路"，出版这本《上瘾的治疗与陪伴》，让这些"天使"除了拥有一颗爱心，还有一双强有力的翅膀，飞越最难缠的上瘾泥淖……

正当我着手撰写本书时，我长期辅导的家庭的孩子竟然在戒毒两年后接二连三地复发，更令人心碎的是我的孩子也在同一时间"跌倒"了！这使我遭受了极大的打击，顿时乱了方寸。于是我关闭社交账号，放弃手边一切工作，心想："我有什么脸去辅导别人？"

然而，我曾经帮助过的孩子的家人哭着对我说："倩倩老师，连你都倒了，那我们怎么办？谁来帮助我们？"此时，先生的一句话提醒了我："你是作者，就照你书上写的做吧！"于是我咬紧牙关，照着《上瘾的真相》所写的去做，没想到坚持后惊喜真的出现了……我儿子也愿意付出一切代价远离曾让他支离破碎的毒品。

戒毒不难，难的是不思念毒品。戒烟也是一样，可以克制自己不吸烟一阵子，但是要做到不思念香烟是非常困难的。不针对内心的问题，很难真正做到戒断成功。

这段惨痛的经历让我明白，戒瘾就像潮水，起起落落，上上下下，每一次跌倒都能帮助我们认识自己，增加自己的力量。于是我对上瘾者有了更深的认识，这些认识成为本书的最佳养分。更令人振奋的是当时再度堕落的孩子们（包括我儿子）由此更深刻地体会到"坚持"的不易，进而更加努力地从心里弃绝毒品。而今，其中一个孩子已经大学毕业，准备到高中当数学老师；另一个还没大学毕业就已经找到了实习工作。

一个个孩子从上瘾的泥淖中爬出来，而我儿子因为经历几次复发，也认识到自己需要更强大的力量，正在努力向上。没有这段经历，就没有本书的诞生，直到如今，我所写的每一本书都是在悲伤和喜悦中完成的。

和第一本《上瘾的真相》相比，本书最大的不同就是更深层地剖析了上瘾者及家属的心态，并且以成年上瘾者为主要分析研究对象。全书分四大部分：看清真相；转折点：揭露、协谈与介入；上瘾的治疗；迈向全人康复。内容不仅包括药物滥用，还涉及酗酒、手机成瘾、色情网络成瘾、赌博等多种形式的上瘾，是非常实用的上瘾戒治手册。

这四大部分环环相扣，最好能够连贯阅读。当然也可以将本书当作自省的书，帮助自己拥有更宽广的心灵。每章之后都附有"思考与讨论"，适合小组聚会时使用。

业界类似的辅导书很多，大都是从国外翻译而来，与中国人的思维习惯、语法等差异很大，虽然外国作者深厚的学养与卓越的洞见值得我们学习，但身为中国人，我们具有独特的文化传统，应该探索和总结更加适合我们的经验和方式，这就需要更多的文化勇士来努力承担及长期关注。

目录
Contents

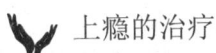 上瘾的治疗与陪伴

Part 1　**看清真相** ⋯⋯⋯⋯⋯⋯⋯⋯⋯⋯⋯⋯⋯⋯ 1
　　第一章　戒瘾辅导的盲点 / 3
　　第二章　认识上瘾者 / 20
　　第三章　家庭与失控关系 / 37

Part 2　**转折点：揭露、协谈与介入** ⋯⋯⋯⋯ 55
　　第四章　带来痛苦与重生的"转折点" / 57
　　第五章　"揭露上瘾" / 61
　　第六章　关于"落入谷底" / 73
　　第七章　协谈技巧与外力介入 / 80

Part 3　**上瘾的治疗** ⋯⋯⋯⋯⋯⋯⋯⋯⋯⋯⋯ 97
　　第八章　"瘾"戒得掉吗？ / 99
　　第九章　"瘾"无法根除，只能"替代" / 103
　　第十章　色情、网络及赌博的戒瘾治疗原则 / 108

目录 Contents

 上瘾的治疗与陪伴

第十一章　药物滥用、酗酒的治疗原则 / 121

Part 4　迈向全人康复 ········· 129

第十二章　迈向康复 / 131

第十三章　内在心态的调整 / 135

第十四章　外在环境的改变 / 143

第十五章　真实的康复：复发 / 151

结语　最后的胜利 ········· 163

第一部
Part 1

看清真相

第一章
戒瘾辅导的盲点

当太阳出来时,雾就自然散去了!

如果我问:"你有不为人知的'瘾'吗?"大多数人都会回答:"我不抽烟、不喝酒、没嗑药,我没有!"不过,当你进一步了解上瘾的定义时,我再问一次"你真的没有上瘾吗?"你可能会犹豫地回答:"可能有吧。"

通俗地来讲:上瘾就是"不得不"。

早上不得不来一杯咖啡,否则整天没有精神;

上了地铁不得不看手机,否则会不知所措;

回到家中一定要拿着电视机的遥控器,否则会感到很不安;

虽然银行卡里没钱,但商场周年庆时仍不得不大肆采购,否则不知道该怎么办,坐立难安;

每天不得不运动,没有流汗就浑身不对劲;

饭后不得不吸一支香烟,否则手指头会抖得很厉害……

这些"不得不"的举止都是上瘾的现象。

通常人们只是将"上瘾"的定义局限在吸毒、赌博、酗酒等物质类上瘾，其实"上瘾"的内涵远大于此。上瘾可能存在于大多数人的生活之中，有些上瘾甚至被社会所赞许，如工作狂、运动狂等。还有一种上瘾来自内心深处，如热爱掌声、自大狂、守财奴、言语刻薄、习惯性说谎、习惯性暴怒等。这些上瘾造成的伤害也包括无形的伤害，如言语伤害（负面攻击、网络霸凌），精神伤害（威胁、恐吓、否定），甚至心灵伤害（色情网站）。有时候这些无形的伤害更让我们难过到窒息。"瘾"其实存在于生活中的各个层面，关键在于有没有伤害到自己或他人。

"上瘾"的另外一个特点就是"误以为"我们可以控制自己的行为，但是到后来却被其控制。许多上瘾（如性瘾、毒瘾）的人，刚开始觉得自己可以掌握、只是偶尔为之，但却如温水煮青蛙一般，到最后还是让人"遍体鳞伤"。

所有的上瘾都是依循这样的模式默默发展，最后令人毫无防备。身为辅导者的第一要务就是要认识到"瘾"有可能发生在每一个人的身上，包括你自己；"瘾"会发生在生活中的每一个层面，其中有为人知或不为人知的。"瘾"的中文字形符合它的定义：隐藏的疾病。当这个疾病不再隐藏，就没有"瘾"了！因此"面对真相、不再隐藏"是迈向康复的第一步，但往往也是最困难的一步。

同理心与辅导

身为辅导者必须认识到"瘾"是如此令人没有防备、如此悄无声息地发生在每一个人的身上，唯其如此才能体会"戒瘾"的不易，才能引起戒瘾者的防备。

我曾经在戒毒所遇见一位辅导老师，这位辅导老师在人品上几乎没什么可挑剔的，不抽烟、不喝酒、非常节俭、对人热忱，但是言谈中总是有那么一股说不出来的"自以为是"。曾经有位戒毒所的学员告诉我："倩倩老师，我真的很恨他，他把我看得很低、很下贱，好几次我在梦中掐住他的脖子，我真的很想揍他……"

我听了非常惊讶，心想怎会如此呢？在戒毒所服务的人都应该是很有爱心的呀！没多久，这位辅导老师居然离婚了！他的前妻曾经吸毒，但是后来恢复得很好，虽然是富家女，却愿意成为这位老师的妻子和他一起过清苦的日子，还曾一起到贫困地区支教。我心想，这位妻子之所以会坚持离婚，想必她是对这位老师恨之入骨了——她的感受和戒毒所的学员如出一辙。

在我和这位辅导老师谈话的过程中，才知道为什么他的妻子坚持和他离婚。他告诉我："我出身书香世家，勤俭顾家，连烟都不抽，她是我第一个女朋友，而她嫁给我的时候还带着一个小孩，连我岳父都说，如果有错一定是她的错！"他接着说："她很浪费，每次去餐厅总是叫满桌的菜。"

我告诉他："你前妻不是浪费，是大方！"他说："身为贫困地区老师的妻子，应勤俭持家，怎么可以收取娘家给她的钱？"我说："你应该要感谢，怎么会数落呢？"

他还说："怎么可以带孩子逛商店？应该带孩子到公园啊！"我回答："台湾夏天炎热，带孩子逛商店吹冷气，没有什么不对啊！"

他的妻子和戒毒村的学员都有一个共同的感受，就是"和他相处总觉得自己很糟糕"——这就是问题所在。许多青少年视父母如猛虎，逃都来不及，更何况相处。为什么？因为我们很容易将上瘾者标签化，这个标签就是"我很好，你很糟糕"！

奇怪的是，当这位辅导老师告诉戒毒村的学员："我离婚了！我很难过！"几乎每一位学员都过去拥抱他，大家反而接纳了他。保持"大家都是一样"的同理心，才能真正进入上瘾者的内心。我们在传递一个"礼物"，而不是定罪，这个"礼物"可以帮助你脱离"上瘾"的捆绑——这是面对上瘾者的基本态度。

"指正错误"通常很难带来改变，反而会导致上瘾者拒人于千里之外。然而还是有父母告诉我，怎么能够不纠正孩子的错误呢？这样不是宠坏他们吗？问题是孩子也知道那是错误的，但就是"无法控制自己"不去做。这就是最大的落差：不是不知道，而是做不到。单纯地"指正错误"很难改变上瘾行为。

同理心不是同情，更不是包容，而是必须认识到我们也会犯错，在我们指正别人时，必须内省自己是否有盲点，并且设身处地为他们着想。例如，孩子上网打游戏，他正和朋友"联合作战"打得火热，而你毫无预警地突然切断网络，这样做不是让他很没面子吗？就好像你和朋友在电话中聊得正起劲时忽然有人挂你电话一样。

正确的做法应该是："我知道你学习压力很重，上网打游戏只是为了缓解压力（体谅），但是你现在快要考试，同时睡眠很重要，因此给你30分钟下线（给时间），如果你做不到，我就会断网络（行动方案）。"这样的处理方式适用于孩子尚未网络成瘾的时候，有助于防止上瘾的形成。但是，如果孩子已经上瘾（"上瘾"的定义请见《上瘾的真相》），则应该采取不同的做法。

在美国长大的伯恩吸食海洛因、大麻长达十年，闯了不少祸，他真心想戒掉，在家戒断一段时间最后还是没有成功。他非常排斥去戒毒所，认为在戒毒所待一年半是浪费时间，他的家长和我努力劝说，但他依然无动于衷，最后只得请出曾经吸毒二十年、当时负责美国晨曦会的姚牧师和他谈谈。

见面后，姚牧师第一句话就问他："你吸的海洛因是黑的还是白的？"并主动谈道："我当年吸的……我曾经……现在……"姚牧师将晨曦会对自己人生的改变娓娓道来，并向伯恩耐心解释为什么要花一年半的时间。令人惊奇的是，姚牧师不会说英文，伯恩的中文也不太好，然而他们却可以心灵相通，最后伯恩同意去戒毒所。进入戒毒所后，伯恩非常听姚牧师的话，虽然他们语言不通，但心灵相通，因为都是"过来人"。

为什么"过来人"更容易说服那些在毒品旋涡里挣扎的人？因为"同理心"。我们必须从心底承认"戒瘾"真的很困难，才能够设身处地为上瘾者着想，这不是包庇错误，而是体会人的软弱。如此才容易被上瘾者接纳，才能够帮助他们。当你说出"我也一样"时，最起码不是站在对立面去指责和审判他，而是和他站在同一阵线，一起努力面对。这是辅导者最重要的认知。

我在台湾从事辅导工作时，经常搭乘地铁往来于淡水、台北，由于搭乘时间超过一小时，我下载了网络游戏用来打发漫长的路途。由于自己从事戒瘾辅导，深深了解网络游戏容易成瘾，因此我决心自我约束：只有在地铁上才能看手机、玩游戏，离开地铁站后绝对禁止。没想到才第三天，我下了车、到了家也无法罢手，于是决定删除那个游戏。删除后，我在地铁上还会"思念"那个游戏，于是再度下载，就这样接连删除、下载了三次，最后终于戒断成功。

我原本以为我可以控制自己（只在地铁上玩），事实上反而被其控制。但你们知道吗，我最受欢迎的课程就是"如何断绝网络成瘾"！一个从事戒瘾辅导、教导别人如何脱离网络游戏捆绑的成年人都"不得不"看手机、玩游戏，更何况青少年？这个经验让我深刻地体会到"说的比做的容易"。我常告诉家长，玩手机、看韩剧尚且容易上瘾，更何况毒品？

有时候我们很容易论断那些我们认为"比较坏的人"，从心里抗拒药瘾者、酗酒者，事实上罪错没有大小之分。我们或许没有吸毒酗酒，只是偶尔说别人坏话，说点小谎，或者偷偷看色情网站，但这同样也是犯错。如果辅导者或者一个群组给人的印象是"圣人""好人"，那么只会让上瘾者本能地想远离你，从而得不到帮助。

身为戒瘾的辅导者必须认知"瘾"普遍存在于整个社会中，真诚地去除对上瘾者的"标签化"。你不需要认同上瘾者的行为，但是要有同理心：换成是你，也会上瘾。

上瘾的过程：错、病、生活习惯

"上瘾"是错？是病？还是生活习惯？其实三者都是。不同的阶段应该有不同的处理方式，因此了解上瘾者处于"哪一个阶段"非常重要。

上瘾的三个阶段可概括为：错（叛逆）→病（不能自救）→生活习惯（走向毁灭）。

刚开始是"错"（错误的选择），逐渐发展到失控的状态，就是"病"（不能自救），慢慢地成为他们的"生活习惯"，也就是工作（贩毒）、朋友（毒虫）、作息（日夜颠倒）都环绕着"上瘾"展开，形成了以"上瘾"为中心的生活状态。更精确的定义应该是："瘾"就是来自某项物质、活动或心态统治的一种"捆绑"，并且发展成为个人的生活中心，抵挡一切的真理。即使造成悲惨的后果，也无法让当事人悔改。

任何成瘾者都知道这是错误的，但是都"选择"相信那些只会带来快乐却不必负担任何后果的建议。例如，朋友告诉你"放心，没有人知道的"；广告告诉你"只要我喜欢有什么不可以"；自己对自己说"我可以控制的"；爸妈告诉你"天塌下来有我们替你顶着"……明明知道这样下去一定会"死得很惨"，但总是认为"没什么大不了"。有人问我，孩子为什么会碰毒品？为什么会沉溺在网络游戏中无法自拔？是和家庭有关吗？是父母不尽责任吗？通常我会回答："就是在错误的时间遇见错误的人，做出了错误选择。"

上瘾开始只是单纯的"错误选择"，发展到后来，人心变得越来越坚硬、越来越诡诈，以致到了无法收拾的地步，成为"病态"。刚开始做了错误的选择，没有被发现，于是逐渐导致严重的后果，自己无法处理，必须依靠外在的力量。就好像生病的过程一样，刚开始只是小感冒，不去理会它，慢慢变本加厉，于是逐渐转成更严重的疾病。上瘾也是一样，行之有年后，个性残暴、灵魂麻木、关系破裂，以致人生惨不忍睹。这个时候就像罹患严重的疾病，必须要依靠"外在的力量"才能恢复。

任何上瘾都是错，而且是明知故犯的错。用另一个词来表示，就是"叛逆"。简单来说就是为了自己的利益，寻求与众人遵循的平常生活不同的刺激，或者不同的生活方式，想要在其中得到快乐、成就感、舒适感、更好的形象以及自己贪求的其他东西。因此刚开始吸毒、刚开始赌博、刚开始看色情网站或召妓……这些都是

"错"。上瘾比身体的疾病更难处理，原因在于"不觉得那是错，而且试图隐瞒"。因此在上瘾行为开始时，我们就必须当作"错"来处理，而不是抱着"这没有什么大不了"的心态。

问题是社会上对"错"的界定越来越模糊。一些人认为，只要没有法律问题就不算犯罪。例如，见死不救从法律层面来说不是罪，但会有所谓"良心不安"的问题，这就是对"错"的觉醒。无论家庭教育还是社会价值几乎都倾向"没被发现就好""只要我喜欢有什么不可以"。人们过度注重表象，如开名车、穿名牌、有地位、有钱就是"成功"，就是"卓越"，而不注重善良、仁慈、诚实、努力等品格。

不少人都标榜"卓越"，但究竟什么是"卓越"？这就是问题。"卓越"如果仅仅是世俗所定义的"成功"而不是"品格"，那么就会产生价值观的错误。曾经听过一位家长描述他孩子的同学在贩毒，原因居然是"想买名牌包，而且是明星穿戴的那款"。外遇最初的原因就是"人家喜欢我，送上门来为什么不要？"对"错"没有感觉、麻木，是迈向上瘾的第一步。

但是如果在开始有错时就被揭发，并且立刻处理，如吸毒被逮捕、外遇被发现、网络被限制等，可能不至于发展到病入膏肓、无可救药的地步。但是很可惜，对许多上瘾行为来说，"发生"和"发现"时间间隔太久，我们根本不知道上瘾行为是何时发生的，以致无法在"发生"的第一时间进行干预或治疗。

瘾的起因就是"错误的选择"，虽然每一个人都有可能会犯错，但是关键在你有没有认为那是"错"？"感觉不到错"并不代表那"不是错"。

案例

年过七十的吴董幽默风趣，平时喜欢开玩笑，虽已退休但仍然喜欢到儿子的办公室闲逛，同事们碍于他是老板的爸爸，心中不情愿但又不得不放下手边的工作，听吴董讲一些听了好几遍的笑话，偶尔女同事听到一些黄色笑话也"敢怒不敢言"。

直到有一天，吴董笑嘻嘻地拿着按摩棒对办公室的女同事说："工作辛苦了，我帮你们按摩。"这下可好，刚好惹到正在工作的丽敏，她大声喊道："我要告你对我性骚扰！"吴董以为是开玩笑，没有在意。没想到丽敏真的一状告到董事会，记者出身的她还拟好新闻稿，准备给吴董冠上"性骚扰"的罪名。吴董不以为然地说："有这么严重吗？只是开个小玩笑而已！"

许多人刚开始没有引起重视，不认为这是"错"，所以才出现后来不可收拾的局面。

"错"不可怕，"感觉不到错"才可怕！当青少年第一次喝酒喝到烂醉如泥时不觉得那是"错"，然而第365次烂醉如泥时，那不但是"错"，恐怕也是无法收拾的"病"。出差到外地偶尔看一下色情网站，如果你把它当作"放松"而不是"错"，那么你就有可能落入色情上瘾的陷阱。错或叛逆的本质往往是安静的、秘密的，而不是公开的。例如，家庭暴力者（行为类成瘾）的行为源于无数次的怀疑、嫉妒、谎言、恶毒的思想，这些都不是刹那间出现的，而是安静无声、不为人知的，没有外显，更无法被干预，于是慢慢形成、累积，从而转化成外显的家暴行为。肥胖症患者也是如此，来自这样无声无息、不为人知的"错误"，他们为了逃避困难和挫折，而逐渐形成一种"生活习惯"与"行为模式"，于是患上因为饮食毫无节制带来的疾病。

色情网站、外遇更是如此，越是"不为人知"越容易产生依赖性的上瘾。这也是为什么我一再呼吁"面对并且承认真相"是破除上瘾的第一步。当"错"不再无声无息、不再隐藏，上瘾被治愈的概率也就大得多。

"错"是上瘾者最深层的问题。我们要对付的是内心深处的无声无息的"错"，而不是表面的物质或行为。

上瘾与一般疾病最大的不同是前者是当事人"自愿"的选择。一般的传染病如感冒，不是出于自己的选择，而上瘾则是出于自己的选择。两者的共同点就是都会产生"身体及心理的依赖性"，也就是"不得不"。

另外一个共同点就是都有"传染性"。例如，毒品刚开始都是群体分享使用，而逐渐成为"分享者"。这也是为什么吸毒者最后一定会走向贩毒。而夜店、校园等地方染毒比例高于其他区域，因为都是大量青少年聚集之处。

将"上瘾"视为"疾病"也有盲点，因为上瘾的核心是出于内心的渴望与私欲，就是出自"错"，而一般疾病则不是。身体被病毒侵入是毫无选择的，你不想生病，你会想尽一切办法除掉它。但上瘾则不一样，因为酗酒、嗑药、打电子游戏、登录色情网站、赌博都有快乐的回报（虽然只是短暂的），因此绝大多数的上瘾者没有意愿想要除掉这样的"疾病"，即使到医院或戒毒所，也是被家人或环境所迫。这是上瘾治疗最大的难处，也是本书企图解决的问题。

上瘾很难治愈的最主要原因就是上瘾者"难以启齿""隐瞒病

情"。一般民众罹患疾病，通常会求助医院，然而面对上瘾通常不知该如何处理，甚至想方设法地隐瞒。尤其是药物滥用或吸毒，上瘾者或家人碍于面子不愿求助，社会资源缺乏，因此有加速蔓延的危险。最近有人呼吁若是自愿到医院做毒品戒治，可以健保给付，就是一个不错的建议。让药物滥用者可以求助于医院而不是到警察局，这是去除"面子问题"的一大突破。

遗憾的是，当上瘾到了"病"的阶段，需要旁人协助的时候，上瘾者不但得不到帮助，反而被唾弃，这是上瘾戒治最大的难题。

另类捆绑：偶像崇拜与虚假

"瘾"换种语言表达就是"偶像崇拜"。任何会让我们投注情感的事物沉溺到不合理的依附状态，都可称为"偶像崇拜"。将"人"当偶像崇拜，产生依附关系，就可能出问题。如果孩子是父母的偶像，那么教育会出问题；如果配偶是你的偶像，那么婚姻就可能会出状况；对于药物滥用者，毒品就是他们的偶像；对于网络游戏成瘾者，"虚幻英雄"就是他们的偶像……

这里的偶像指的是任何让我们投入情感以及沉溺其中的事物，其行为模式类似我们常见的疯狂追星。当某位大明星成为你的偶像，你会迎接他的来到，会思念他，会追逐明星的动态，会在家中张贴他的海报，会成立××之友俱乐部……一些人看见心目中的大明星会兴奋到流泪，甚至昏倒。沉溺在药物滥用、酗酒、色情、网络游戏中也是如此。

没错，就是这种感觉，上瘾者就像超级大粉丝，想尽办法追逐心目中的偶像。即使无法和偶像见面，但心中的思念却丝毫不减。

只要有机会，一定会不顾代价，就是要来上一口或打一针，毒品成为他们追逐的目标、他们的偶像。

影视红星粉丝疯狂的举动在外人看来好像癫狂，上瘾者也是一样。这就是为什么戒断是如此困难。你可以控制上瘾者的行为，如隔离。但是你无法控制他们的思想以及他们对"瘾"（毒品、赌博、色情等）的"思念"。这也是为什么有些离开毒品多年的人，一旦有机会还是要来上一口，后来复发的情况比原先更加严重。因为"相思成病""小别胜新婚"。更糟糕的是因为"越得不到越想要"，这就是为什么有些人出狱或者离开戒毒所后很快又落入毒品的陷阱。

在中国家庭中不难见到供奉的祖宗牌位或各种神明等，但这里指的不是有形的偶像，而是心中的偶像。这并不代表中国人比西方人容易犯罪，而是中国人比较容易隐藏内心深处的偶像崇拜，将内心的渴望投射到其他的人、事、物上。由此凸显的一个缺点就是太过仰赖偶像而忽略了自己的责任，认为只要到寺庙里拜拜，问题就能得到解决。

为什么我要用"宗教灵的捆绑"来描述这个现象？信仰原本是对抗上瘾的有效利器，然而许多人没有正确使用信仰的力量，认为只要拜拜就会没事。许多人总是依赖于他人的帮助，而忽略了自己才是最重要的帮助者。

在我的经验中，家庭的社会地位越高、父母越爱面子，孩子的沉溺状况就越严重。作为一个辅导者，我当然知道保密的重要，但是有一些家长来求助时总会不断地提醒我"不要告诉别人"或者"叫我以后怎么做人"。面对这样的父母我总是会问他们："你们是要面子，还是要孩子？"

我能够理解家属们总是想尽一切办法，用尽一切资源，帮助自己所爱的上瘾者，他们不惜付出一切代价，甚至牺牲自己。就好像湖中央即将沉下去的人在到处抓"浮木"，殊不知最重要的是"采取行动"，穿上救生衣，并且努力地游上岸。"浮木"或许有帮助，但如果自己一直在湖中央不动，最终浮浮沉沉还是无法上岸。

这里的偶像不是指有形的人或者雕像，而是人们内心深处的欲望。

肉体的偶像：短暂满足肉体的舒畅，如酒精、毒品、香烟、饮食毫无节制等物质类上瘾。

眼目的偶像：透过眼睛产生不当的欲望，如色情刊物、网络游戏、赌博、性成瘾等行为类上瘾。

今生的骄傲：以自我为中心的情绪类成瘾，如愤怒（以发泄情绪为满足）、抑郁（过度关注自己的情绪）、购物狂、工作狂等。

可见上瘾不只是表面有形的物质与行为，如酒精、毒品、网络游戏或赌博等，还有内心的欲望、空虚、骄傲等，这也是为什么我们要学习对上瘾者的心灵辅导，而不是简单粗暴地挪去让他们上瘾的物质，如毒品、酒、计算机等。

隔离的原因是让上瘾者（也包括他们被折磨的家人）头脑清楚，可以接受帮助，最终目的还是"除掉心中的偶像"，也就是解决"心瘾"的问题。

在毒品的虚假世界里，上瘾者就是"虚拟天才"，但在现实生活中可能上了四所高中还不能毕业，于是毒品成为他们的偶像。上瘾者必须不断地吸食毒品以维持"我是天才"的假象。外遇者也是一样，他们不愿面对婚姻的处境，不愿意付代价改善，用不断的外遇或买春逃避现状，于是性成为他们的偶像。

曾经有一个孩子对我说："告诉你一个秘密，其实我非常有钱，有好几箱的宝物，这些都可以换钱呢！"我问他"宝物"在哪里，结果他带我去看他的计算机，原来是网络游戏中的"宝物"。其他如性瘾、赌瘾、网络游戏成瘾等行为类上瘾也是一样，虽然没有化学物质进入身体产生变化，但是仍然可以经历上瘾后无与伦比的快感及渴望，那种偶像崇拜的心态不输于任何毒品。

对那些上瘾者的家属而言，由于上瘾者热爱偶像胜于一切，因此这些家属所经历的痛苦是平常人难以体会的，流不尽的眼泪、跪地请求、百般讨好、威胁处罚，甚至理性沟通都无效。崇拜偶像的结果就是被奴役，身体、思想、灵魂都被欲望控制，他们不会感受到亲情、关怀，只是想要更多、更多、更多……这就是令上瘾者家人心碎的地方。

很遗憾的是绝大多数的上瘾治疗，特别是物质类上瘾，如烟、酒及毒品，常见的处理方式就是隔离。上瘾者将戒毒所当作接受惩罚的地方，没有悔改与自省，没有发现自己心中的魔鬼，也没有找到心中真正的光明。从戒毒所出来以后也许不会用毒品，但是却开始沉溺于赌博、酗酒、电玩、色情等。普遍存在的观念就是"只要不吸毒就没事，就算是戒掉了"，但实际上换来的可能是更可怕的偶像崇拜。这样的处理方式只是暂时缓解，拖延时间，并没有解决真正的问题。

上瘾的根源：看不见的"思想"

戒瘾辅导最大的挑战在于："你可以控制我的行为，但是你无法控制我的思想。"

案例

来自书香世家的大伟，三年前酗酒加上嗑药，经过一番波折终于进入戒毒所。

戒毒所毕业后，他顺利进入大学，由于戒毒所缺乏人手，于是大伟成为戒毒所的半职同工，以半工半读的方式在戒毒所工作并且完成大学学业。大伟知道自己有酗酒的习惯，所以非常克制自己，不接触任何酒类，即使在生日宴会上也不接触含有酒精的饮料。

大伟愿意帮助和他有同样遭遇的年轻人。大伟一直有到贫困地区帮助别人的梦想，家人和长辈也鼓励他到这些地区教孩子们英语，并帮助有与他相同经验的孩子。因此大伟向戒毒所请假三个月到贫困地区参加支教团体。没想到在外地与团体中的伙伴发生冲突，大伟独自落寞地走在大街上，看到一家小酒馆，心想："宝贝，好久不见，真的好想你！"于是在异乡再度沉溺于酗酒而无法自拔的景况中……

案例的主角大伟，整整三年身处"无毒"的环境中，生命确实被改变，受到周围师长、家人，甚至戒毒所负责人的肯定与培养，他相信自己可以克服诱惑，却轻视了人的"罪性"。在异乡没有监督的力量，一个人际关系冲突、一个小小诱惑，又使他跌入酗酒的深渊。有家长告诉我，孩子在戒毒所表现良好，认真学习，为什么出来后又落入上瘾陷阱呢？我告诉家长：人会软弱，还有"乖乖牌"可以假装。

生命的改变不是表面的"乖乖牌"，在社会服务机构工作，借着服务人群而掩盖自己的软弱。生命的改变乃是真正结出仁爱、喜乐、和平、忍耐、恩慈、良善、信实、温柔、节制的果子。戒瘾成功的定义也是如此，不是不喝酒、不吸毒、不看色情网站，就称为"成功"。

真正的改变是在内心深处，是安静无声的。当毒品或酒放在你面前，就算四下无人，心中思念，仍然可以勇敢拒绝，才能称为"成功"。表面的改变，如离开毒品或酒精只是暂时的，"心思意念"的改变才是真正的转折点。

但困难的是我们很难判定上瘾者的"心思意念"是否改变，如何从外在行为去判断上瘾者是真正的"悔"并且"改"？这就是为什么"戒毒"要努力针对"心思意念"的改变。本书之所以称为"心灵"辅导，就是从"心灵观护"的角度，彻底地从"内"改变上瘾者的"心"。

戒毒所用的方法，如隔离、劝说、医疗都只是过程，最终还是要回到"心"的改变。台湾卫生奖的得主，也是台南市副市长的颜纯左在他的著作《新鸦片战争——寻找现代的杜聪明》中说："我们的敌人不是毒品，也不是毒瘾者，而是人性和制度。"这句话道尽了戒断的困境，用什么方法戒断"人心中的黑暗"才是关键。

既然上瘾是"偶像崇拜"的问题，那么我们应该如何"除偶像"？

无论是从事反毒工作的学校老师、社工人员、法院志工还是心理辅导员，我们都想尽一切办法"除偶像"，运用社会资源或心理辅导，甚至进行隔离，如进入戒毒所或监狱等，认为只要"无毒"就能一身轻，事实上维持时间非常短暂，顶多只是让身边的家属得到喘息的机会，效果非常有限。为什么？关键就在于，我们看得到"行为"，却无法参透"心思意念"，而那却是最重要的戒瘾契机。

思考与讨论：

◎没有同理心的辅导，会带来什么样的问题？

◎请比较一般疾病和上瘾有何相同点及相异点？

◎检视自己是否也有"偶像崇拜"的问题？有哪些"偶像"？

◎是否曾经有任何的"心思意念"可能导致上瘾行为？

◎如果戒瘾只有"隔离"，会产生什么样的问题？

第二章
认识上瘾者

希望不在力量中,而是在软弱中。

许多为人父母者无法理解:

"为什么我以前成长的年代不会这样?"

"我究竟做错了什么?"

"为什么现在的孩子这么难教?"

"我的孩子很乖,怎么会做出这种事?"

"为什么别的孩子不会上瘾,我的孩子就会上瘾?"

这是一个令人容易上瘾的社会,网络的兴起改变了人们的生活环境、价值观、道德观、消费行为、沟通方式……改变着我们身边的一切。太多的信息正无声地改变孩子的内心世界,而家长却浑然不知,以致觉得孩子"突然"改变,从而不知所措。

因为来得太突然,家长能做的就是竭尽所能地掩盖或"不让伤害扩大",家长如此,学校也是如此。人生的谷底不断地被抽走,以致浪子永远无法回头。浪子周围的人也因此陷入永无止境的梦魇。生活在这样的时代,我们必须认识到:如果一味掩盖事实,情况只会越来越严重，明天不会变得更好。

难道我们就不能避免吗？可以。但问题是必须从小开始培养"抗瘾性格"，等到了青少年时期就太晚了。表1列举的是上瘾的高风险与低风险族群的特质，可供参考。

表1　上瘾的高风险与低风险族群的特质

上瘾高风险族群	上瘾低风险族群
儿童时期活泼好动、调皮捣蛋	良好的自我控制能力
缺乏家长的监督与陪伴	家长的监督与支持
缺乏与人沟通的技巧	正向的关系
用药与抽烟的经验	学业表现佳
同学供应药物	无毒的学习环境
糟糕的社区环境	社区环境优良

表1所列的上瘾低风险族群的特质几乎都必须从小培养，如良好的自我控制能力、学业表现佳等，其中一些与家庭也有关系，如果家庭功能正常、家长监督到位，上瘾概率会比较低，但并不代表没有风险。

上瘾者的性格

对上瘾的错误认知导致错误的结果。其中一项就是我们对"好人"与"坏人"的认知标准局限在"别人的认定"中。例如，"我做错事，只要没被发现就没关系""酒后驾车被逮捕算我倒霉""偷看色情网站没有人知道不会怎样""只要成绩好就是好学生"等，过分关注表现的结果而不去关注动机及过程，容易成为

"假冒伪善"的大人和小孩。殊不知许多上瘾行为就是这样一点一滴在"不为人知"的情况之下累积形成的。

说到"犯罪"这件事，有一个很高的标准："凡看见妇女就动淫念的，这人心里已经与她犯奸淫了。"中国文化中讲的"慎独"和"诛心"与此相类似。这样的标准与社会认知差距很大。困难的是内心的欲念不容易被察觉，有些人认为只要无伤大雅、不被发现就可以了。

上瘾的形成来自人们内心深处的无法满足、错误的选择以及隐藏。因此，治疗上瘾的第一要务就是"揭露真相"。然而现今社会容易让人隐藏真相，而且也直接、间接地"鼓励"人们隐藏真相，以至于无法获得实时、适当的治疗，直到产生犯罪行为或严重伤害自己和他人。

上瘾表现为一个循环的过程。最初可能是受到同伴的引诱而尝试毒品或偷看色情网站，有了这样的快感经验，当他们遇见挫折与压力时，例如学业成绩不佳、人际关系出现矛盾、生活困顿等，就倾向于"躲"到网络游戏、色情网站或毒品里面。慢慢地，生活、工作、婚姻等变得一塌糊涂，产生扰乱行为，进了监狱或者被迫进入戒毒所，受了刑罚，于是产生"悔改"的心，立志重新做人。很不幸，一段时间后，他们再次遇见"压力与挫折"，于是又"躲"到那个上瘾的窠臼里面。

问题在哪里？如果没有能力去处理最初的"压力与挫折"，即使受到处罚甚至悔改，还是无法挣脱"瘾"的捆绑。他们认为用酗酒、毒品可以解决人生的问题，却没想到这成为他们最大的问题来源。

上瘾者本质上不是凶狠的人，而是软弱的人。他们不会拒绝，无论好的、坏的、有益的、有害的，一概不懂得如何拒绝，只注重"短暂的欢愉"，看不到未来也看不到努力的成果，因此不愿意努力向上。任何的上瘾都是"错"（选择）的结果，没有及早被干预、被发现，逐渐养成习惯而无法自救及自我控制，于是就成了"病"。

上瘾者的错从发生到发展是否有脉络可循？什么样性格的人比较容易上瘾？为什么还是有很多人可以拒绝各类上瘾的诱惑？我们认为，那些长期受家庭影响或来自遗传因素而导致性格比较软弱的人，比较容易受诱惑。容易上瘾的人通常具有以下人格特质：

不会拒绝。明知道是推销员来电也无法挂电话，无论好坏都不会说"不"，很容易被说服，容易相信网络谣言，如果朋友上进自己也就上进，如果朋友吸毒自己也就会跟着吸毒。唯一会说"不"的对象就是父母。

好奇心强。喜欢新鲜的事物，因为好奇而不顾一切代价勇于尝试，容易喜新厌旧，希望能在很短的时间内达到目标，缺乏耐心，没有学习和体会过延迟满足。

自我形象较低。通常家中总有一位非常优秀的成员，如果上瘾者没有得到适时的正面鼓励，会认为自己一无是处，为取得虚拟的认同感而逐渐落入上瘾的陷阱里。这类的上瘾者多会在色情及网络游戏中成瘾。

没有安全感。如果成长环境必须面临经常搬家，或者家人之间经常发生争执，在学校遭受同学言语或肢体上的霸凌等情况，这样的孩子很容易产生不安的情绪，长大后会比较容易上瘾，将短暂虚拟的快乐当成避风港。

专注眼下的欢愉及享受。不关心未来，无论做任何事，例如学业、旅行、工作等，向来没有计划和安排，喜欢"及时行乐"。这种性格的优点是随遇而安、好相处，但是一旦遇见毒品或赌博，就容易因为缺乏对后果的考虑而导致自己无法自拔。

以自我为中心。很少关注和自己不相干的事物，不会关心他人的需求，一旦出事只会责怪别人，不习惯检讨自己。这种类型以独子或与祖父母共同居住的孩子居多。这类孩子从小就"集三千宠爱于一身"，养成"只要我喜欢没有什么不可以"的心态，轻易就能获得自己想要的，没有"界限"的概念。

害怕寂寞，无法独处。许多家长误认为孩子在房间玩在线游戏就是"独处"，事实上不是这样。上网是最快速解决寂寞的方法，但也是最危险的方法。比如网络交友。也有孩子因为害怕寂寞而加入帮派，更多孩子是因为无聊、寂寞参加聚会而染毒。

易受伤的心灵。对人很敏感，很容易心理受伤，有一颗"玻璃心"，也就是时下所说的"草莓族"，他们通常很会掩饰自己的痛苦。

上述性格的人一旦遇到挫折，如成绩不如人、被人拒绝、工作不如意、恋爱受挫，就比较容易落入上瘾的陷阱中。他们原本个性软弱，上瘾后性格就变得凶狠，为了达到目的，什么事都做得出来，到处惹是生非。因此，我们经常看到孩子被逮捕时，家长总会说："我孩子其实小时候很乖、很善良，没有那么坏，现在犯罪都是被别人带坏的。"坦白说这也是事实。我们不只是要处理上瘾者的外显行为，也要处理并且增强他们内在"抵抗挫折"的能力，以免落入"瘾的循环"。

困难在于培养"面对压力及挫折"的能力，在孩子成长为青少年以前就必须完成。等到青少年时期或成人时期发现其沉溺于某种事物时，再想来培养其面对压力与挫折的能力，是非常困难的，必须付出更多的努力甚至痛苦的代价。

现代社会由于隔代教养非常普遍，以至于孩子接受及面对挫折的能力日益薄弱。就笔者所辅导的个案经验来说，八成以上个案都是独生子女或长子，这在中国家庭中更是明显。更令人惊讶的是他们不少都有与祖父母同住或被祖父母抚养过的经验，这与西方上瘾者的家庭背景相当不同。

"瘾"是"宠"出来的吗？应该可以这么说。比较合适的说法应该是"界限的设定比较模糊"。许多性格障碍与童年时期的经历有关，如童年时遭到性侵，长大后产生"性别错乱"的概率就较大。童年时期的界限设立模糊，长大后就比较容易沉溺。这就是"上瘾性格"养成的主因。

所谓"直升机父母"，就是当孩子有问题、有需要时，随时下场进行"拯救"。拥有"直升机父母"的孩子或"妈宝"上瘾的概率比较大。其根本问题就是无法学会如何面对压力与挫折。

案例

小叶是家中的独子，父亲是议员，母亲是媒体工作者。小叶初中换了四所学校，原因大都是被其他同学欺负、老师处理不公平等。然而令校方头痛的是，小叶经常和同学打架、闹事，小叶的父母经常通过民意代表、家长代表甚至记者给校长施压。后来小叶好不容易上了高中，第一年就以"赌博暴力讨债"的罪名被逮捕，其父母向媒体投诉，认为他们的儿子被人陷害，还第一时间委托律师送小叶爱吃的炸鸡到监狱。

由于证据确凿，有串证之嫌，法官进行申押，没多久媒体就捕捉到其父母在法院门口下跪请求开恩的画面。交保期间为了让社会大众认为小叶已经改过自新了，其父母还带着小叶到处做公益并且通知记者前来采访。然而不久后，警方对赌场进行突击检查时赫然发现小叶也在其中。其父辩称是"探访朋友"。最终，小叶还是得入狱服刑一年半，这时候父母的"直升机"才不得不退场。

小叶在狱中表现良好，得到许多自省的时间。出狱后凭着自己的实力考上了理想的大学，低调努力学习。小叶还参加了歌唱比赛，虽然没有得到理想的名次，但是歌唱实力得到了大家的肯定。

案例中的小叶不是凶狠的人，但是因为染上赌瘾加上"直升机父母"的过度干涉，于是成为赌博讨债的不良分子。当他进了监狱，"直升机父母"不得不退场，他开始学习如何面对压力与挫折，自然就走出了上瘾的循环。

每一次的危机与外力介入都是破除"瘾的循环"的最佳武器，关键在于周围亲人的认知及自省的力量。当家长哭哭啼啼地告诉我："孩子被逮捕了，怎么办？"我总是会说："恭喜啦！"（坦白说那绝对不是风凉话。）我问家长："你难道要孩子吸毒到头脑都坏掉了，让你每天提心吊胆，不知道孩子是生是死？不如到一个无毒的环境（监狱），让脑袋修复一段时间，而且这个地方是安全的。"

通常家长会说："孩子留下不良记录，将来怎么办？"我会请他们想想："孩子吸毒到头脑坏了会有前途吗？"

家长也会担心："到了监狱学坏了怎么办？"我回答："你的孩子现在很好吗？到了监狱或许有转机也不一定，但是继续吸毒的结果只有走向贩毒，绝对会更惨！"

"谎言"是上瘾者的正常语言

"信任"和"鼓励"是让受伤的心灵恢复的最佳治疗剂，但是如果还在上瘾状态，"信任"会将上瘾者推向更糟糕的境地。这也是我为什么一再提醒：先弄清楚是否已经上瘾，是否还在吸毒。如果无法证明，就先观察、等待一段时间，再谈"信任""鼓励"的问题。

"毒品"是药物滥用者的偶像，"不正常的性关系"是性瘾者的偶像，醉酒后飘飘欲仙的感觉更是酗酒者逃避郁闷的"解药"。为了自己的偶像，他们会想尽一切办法获取这些"快乐"，于是"说谎"成为他们的日常语言。不仅如此，连他们自己都相信自己所说的谎言，以致态度诚恳到家属不得不信。他们不是故意要说谎，而是太软弱。

在辅导的过程中最大的阻碍通常来自家人，他们总是会对我说："孩子已经得到教训，我想他已经悔改了""他苦苦哀求我保证不会再犯""他告诉我没有再碰毒品了""他说他要戒"……

我们不需要和上瘾者争辩是否说谎，而是要想办法了解他们是否还在碰毒品，他们的现状如何。上瘾者就像是被操纵的木偶，他们心灵深处是良善的，我们争战的对象不是孩子，而是背后的"黑暗势力"。曾经有家长经过一番努力后，孩子终于同意到戒毒所，过程中我一再叮咛家长："进去之前是最危险的时候，最好24小时陪伴。"家长却回答："他向来很守信用，我相信他一定会进去的。"没想到就在进戒毒所的前夕孩子吸毒过量暴毙家中。不是不愿意戒，而是与毒品相比，他们太软弱，毒品的力量太强大。

了解真相、戳破谎言的目的不是证明"我对了，你错了"，而是帮助我们判断该如何帮助他们。戳破谎言的后果可能是争吵、愤怒，因此我们必须有心理准备，那就是"谎言"是上瘾者正常的语言，这样我们才能理性面对。

发现真相时，最好的方法就是"采取行动"，也就是"既然这是真相，你要付什么代价？""我要如何再相信你？""如果你再犯，后果是什么？"……辅导个案最大的障碍就是家长太过相信孩子而不相信辅导，以致错过戒掉的最佳时机。

情况一

上瘾者："我现在欠钱，如果不还，债主就会将我打个半死。所以你一定要给我钱。"

建议家属回复："好的，请让我看看借据，告诉我债主电话，我们可以约在某个购物广场的门口……"

原则：不要将钱直接交付，要有证据，在人多的地方还债。

情况二

上瘾者："我愿意去戒毒所，只要你帮我把车赎回来。"

建议家属回复："可以，当你进戒毒所后一个星期内我就赎回。"

原则：必须先实现他的承诺，然后再实现你的承诺。

情况三

上瘾者："我保证一定戒得掉，你要相信我。"

建议家属回复:"如果戒不掉,你要怎么做?如果做不到,你就必须……"

原则:任何的承诺都必须有但书。

协谈一定要有"行动方案",不要相信任何口头承诺。在上瘾者的心目中,劝告就是"唠叨",鼓励就是"放任",威胁就是"笑话"。

为什么?因为家长根本做不到!美国曾经有孩子吸毒状况非常严重,却开着车运毒赚钱吸毒,孩子没钱付车贷款,车子即将被没收,于是告诉母亲:"我答应你明天就进戒毒所,但是你要帮我把车赎回来,我才进去。"母亲为了让孩子能够顺利进入戒毒所,就帮他支付了两次贷款,结果孩子根本没去,状况变得更严重。

有位母亲为了劝孩子进入戒毒所,整整耗费了五年的时间,动用了所有关系。当孩子吸毒被逮捕,法院课以罚金时,孩子答应以进入戒毒所作为交换条件。结果母亲代缴罚金,孩子进戒毒所了没?当然没有。不要和上瘾者谈判,因为这是他们自己的前途,必须由他们自己做决定,同时承担后果。

伴随"谎言"的是"责怪",犯罪的人都有一个共同的特点,那就是认为"都是别人的错"。而家长也会这么说:"我的孩子被带坏,都是别人的错。"有位牧师的孩子吸毒,他告诉我因为他父亲是牧师,所以他才会去吸毒。而这位牧师也傻傻地相信:"如果当牧师会让我的孩子吸毒,那么我宁可不要做牧师。"我告诉这位牧师的孩子:"你吸毒是因为贪爱吸毒的快乐,那是你自己的选择,和你父亲没有关系。"同时也告诉牧师:"你不要相信他的谎言。"

上瘾者不仅经常责怪别人,还经常责怪上天。可以经常听到:"真倒霉,最后一次就被逮到。""我爸酗酒,这是宿命。""都是老天爷把我带到这里,害我又输了。""上天安排我们在一起,虽然我已经结婚。""如果真的有上帝,怎么会让我戒不掉?""都是我爸妈离婚害的!"……总之,都是别人的错,只有自己没有错。

当你听到上瘾者责怪你,不要太惊讶或者难过,因为这是上瘾者的"日常语言"。他们答应的事也经常做不到。以下是上瘾者的日常行为:

◇ 刻意隐藏
◇ 偷偷摸摸
◇ 经常责怪
◇ 玩弄感情
◇ 逃避(包括用沉默的方式来逃避)
◇ 改变主题
◇ 合理化
◇ 说了却不去做

有些谎言看似无伤大雅,和上瘾无关,但谎言已经和上瘾者"融为一体",成为他们的日常语言,使得他们可以轻松地说出没有伤害性的话语。例如:

朋友:"星期天有空来辅导会吗?"
谎言:"哦,车子坏了,没有办法。"
朋友:"我可以来接你。"
谎言:"啊,我想到了星期天要帮我爸搬东西。"

朋友："那星期三可以来小组聚会吗？"

谎言："星期三我另外有约。"

事实上，车子根本没坏，爸爸也没有叫他搬东西，星期三也没有约会，但是他为什么要说谎？因为"谎言"已经和上瘾者绑在一起，成为他们生活的一部分，也是他们的"保护色"，让他们以为自己没事，"以为凭谎话和欺骗就可以苟安"。他们害怕被带到光明中受检验，无处躲藏。

任何辅导者都必须认识到："上瘾者通常用谎言来暂时消除自己的愧疚感与羞耻心。"揭露谎言不是为了审判，更不能动怒，因为这样反而会加强他们"躲避"到毒品或酒精中的意愿。

他们为什么习惯"谎言"？一部分原因是这样会让他们比较心安。上瘾者必须要找到借口安慰别人，也安慰自己（事实上只是欺骗）。例如，"请放心，再给我几天我一定会戒掉""这是最后一次""我没有那么笨跑去吸毒""我只是偶尔用一下可以控制的""我去过辅导会所以会戒掉"……这样"安慰式"的借口不仅发生在上瘾者身上，也发生在他们的家人身上。

当家长发现孩子吸毒或看色情网站等证据确凿时，第一时间往往是责骂、审判，以致孩子感到羞愧与不安，这样的结果只会导致"道高一尺，魔高一丈"，让上瘾者更加小心翼翼不被发现。

任何责骂只会带来"防卫"，不会带来"悔改"，这就是为什么家属要参加支持团体，让上瘾者在关键时刻有人陪伴。长期参加上瘾者家属聚会，一方面有提醒的作用，另一方面在关键时刻（也就是"发现"时刻）可以化危机为转机，让孩子真正开始戒瘾之旅。

过不了的"青春期"

有一对年约八十岁的老夫妻将他们的孩子送进戒毒所,进去前老先生在孩子的额头上深深一吻,告诉他:"在里面要乖啊!要听话好好学习,知道吗?"像极了第一次送孩子上学前的叮咛。然而这个老先生眼中的"孩子"已经五十多岁了,长期大麻成瘾,以致外表是中年大叔,言行举止就像没有长大的青少年。

这样的画面在家长送孩子到戒毒所时屡见不鲜,他们非常后悔没有尽早处理,太信任孩子,以致到了晚年,还要担心害怕。我为这些年长的父母感到难过,他们无法享受孩子长大的满足感,年老时还要为"长不大的孩子"忧心烦恼。因此我常劝告家长,孩子戒瘾越早越好,青少年时期出事是"好事"。

前几年在台湾有一则新闻,说的是一个4岁的孩子因为三天没吃饭只吃月饼,向邻居讨食被发现并报警。警察非常有经验,竟然在网吧找到这对正沉迷于游戏的父母,被警察逮捕时他们还抱怨:"没有养孩子也会被抓啊?"警察告知他们,父母有养育孩子的责任,不可以任意弃养。当时这对父母28岁。他们的生理年龄虽然已经达到可以成家的阶段,但是长期沉溺在网络游戏中,心理年龄还停留在青春期,自然无法担负起养育儿女的责任。

如今,让人容易沉溺其中的活动和物品越来越多,如网络游戏、赌博、酒精及各类毒品等,一旦在青少年时期上瘾,他们的大脑就会产生变化,生长停滞。沉溺往往会让他们对任何学习都缺乏兴趣,导致心理成长停滞。但他们自己甚至连身旁的亲友都没有意识到这一点,认为既然到了适婚年龄就应该成家立业,由此造成多少家庭悲剧,可想而知。

许多父母误以为青少年是因为荷尔蒙的关系导致行为偏差,过了青春期自然就会好。事实上越来越多的"长不大"的孩子如"啃老族""草莓族"等,许多都是因为落入上瘾的陷阱里,无法真正地长大成人。

某些毒品对大脑的伤害是显而易见并众所周知的,特别是安非他命、K粉(氯胺酮)、摇头丸等,都被证明会损伤大脑,要停止吸毒相当一段时间,大脑才能恢复功能。行为类上瘾的网络游戏、色情及赌博也是一样。当人们从事某项活动、受赞美或吃美食时,大脑自然会启动"快乐反馈系统"(Reward Pathway),分泌多巴胺。毒品、电玩、赌博、色情都会使大脑产生大量的多巴胺,久而久之大脑的结构和功能会陷入无力的状态,特别是对记忆力有所损害。身体任何部分受伤都需要时间慢慢复原,更何况大脑?

许多青少年的特征,也同样表现在上瘾的成人身上。比如:

◇容易恼怒,总是心怀不平,没有耐心
◇好奇心重,不易拒绝诱惑
◇只重眼前,没有计划,对学习没有兴趣,过于心急
◇只想一飞冲天,经常做白日梦
◇喜欢低努力、高报酬的工作
◇以自我为中心,一旦欲望没有被满足就会产生脱序的行为

案例

在单亲家庭长大的汉文天资聪颖,成绩优异,读书几乎过目不忘,是老师、亲朋好友眼中的好孩子,也是母亲的骄傲。毕业后,他很快就找到了政府机构薪资优渥的工作,加

上相貌堂堂，是一般人眼中的金龟婿。

但是从青少年开始，汉文有个不为人知的小秘密，就是经常沉溺在色情刊物及色情网站中，以此来排遣学习的压力，这样的生活模式行之有年，并且他经常用自慰、性幻想来面对各种压力及挫折，情况越来越严重。虽然母亲知道汉文有这样的不良嗜好，但是由于没有妨碍到学业及工作，因此默默允许这种脱序的行为。

汉文日渐理解到不能再这样继续下去了，于是开始上辅导会，在辅导会中遇见了牧师的女儿珍妮，汉文心想或许结婚可以帮助自己脱离这样的辖制，而母亲也认为汉文年过三十应该成家了，于是汉文和珍妮不久就步入了婚姻的殿堂。没想到汉文结婚后依然故我，并且越来越严重。

珍妮碍于身份，不敢求助，只能默默忍受，数年后意外怀孕生了孩子，珍妮心想："当了父亲有了责任或许汉文会戒掉不良嗜好。"事实上，虽然汉文当了父亲也继续上辅导会，但是仍然在色情网站中挣扎，仍然战胜不了内心的软弱。时间一天天地过去，可怜的珍妮也因此得了抑郁症，度过了将近二十年的寡妇生涯……

案例中的汉文虽然已经是成年人，却在青少年时期染上色情网站瘾，在两性关系上仍然是个"孩子"。看起来好像应该成家立业，但是并不适合迈入婚姻，青少年时期母亲认为没有妨碍到学业而不干预，到了成年更难断戒，更不幸的是想用结婚、生子去解决色情上瘾的问题，结果造成无法挽回的悲剧。

在戒毒阶段经常听到所谓"撞墙期"，意思就是当他们脱离毒品、酒精或色情、赌博等的捆绑时，会经历和别人起冲突的时期，期间对周遭的人与环境产生极大的不满，对任何事都看不顺眼，有些愤世嫉俗或对前途感到极大的不安，这不就是"青春期"的征兆吗？

许多家长告诉我："他们已经戒掉，应该要承担起责任，加倍努力弥补过去浪费的时间啊！"我总会提醒他们：不要"呷紧弄破碗"（台湾方言，意思是心急吃不了热豆腐），要给时间，不是把他们当作孩子百般呵护，而是让他们学习长大。所谓"学习阶段"就是旁边要有人陪伴、监督、引导，一段时间后如果没有再犯，自然会长大成人。

曾经有一个个案，当事人13岁开始吸毒，24岁成家同时当父亲，即使戒毒多年，但在心态上只是个青少年，面对家庭、配偶、工作等滚滚而来的压力不胜负荷，于是再度卷入毒品的旋涡中。

当上瘾者康复后，陪伴的家人必须认识到"他们还没有长大"，因此不要比照生理年龄来要求他们，给他们时间让大脑慢慢恢复，弥补上瘾时期的空白阶段。例如，18岁开始吸毒，28岁断戒成功，必须用18岁的标准要求而不是28岁，此时应该让他学习谋生的技巧、学习独立、管理金钱、养成正常的生活习惯等，而不是让他立刻投入职场赚钱养家，这样反而会破坏好不容易才取得的戒瘾成果。

必须要一步一步、一点一滴，慢慢增加他的责任。他们最重要的工作是"学习"，要经常上课、参加聚会、规律运动、远离诱惑的环境，就像任何青春期的孩子会做的事一样，这样才能真正脱离因为上瘾带来的"青春期"。

思考与讨论：

◎ 如何走出"瘾"的循环？

◎ "上瘾性格"与"直升机父母"有关，请回想自己是否无意间助长了他人的上瘾性格？

◎ 谎言既然是上瘾者的"日常语言"，我们要如何揭穿？揭穿后我们应持什么样的态度？

◎ 青春期的征兆有哪些？这些征兆为什么会发生在成年的上瘾者身上？

第三章
家庭与失控关系

放弃你的荣耀，那些孩子的生命就可得到拯救。
——电影《一世之雄》（Angels with dirty faces）

前文提及，上瘾与生病最大的不同在于，上瘾者是自愿选择生病、甘愿做"罪错"的奴仆，而病人则是"被迫"生病。但有一种人不是出于自愿，却被迫与"罪错"连在一起而逐渐成"病"，那就是上瘾者的家属。没有家属会愿意自己所爱的人被各种上瘾捆绑，他们"被迫"成为最大的"受害者"。

因此，当我在从事戒瘾咨询辅导时，虽然知道部分上瘾者的起因是来自原生家庭，但是我不赞成从心理学的角度去追究药物滥用者及网络上瘾者的原生家庭，这会产生两大隐忧：第一，让上瘾者有借口逃避自己的责任；第二，让原本自责忧伤的家人更加难过。

如今孩子上瘾的"罪错"有可能发生在任何一个家庭。追究原生家庭的问题不会使上瘾者产生戒瘾意愿，反而会给他们提供借口：不是自己的问题而是原生家庭带来的问题。我经常会安慰家属不要自怨自艾，我认为辅导家属正确的态度应该是"忘记背后，努力面前,向着标杆,一直奔跑"。

◇忘记背后。忘记过去的伤害,忘记上瘾的源头,不需要立即追究原生家庭过去的责任。

◇努力面前。目前状况如何?如何让上瘾者觉得需要帮助?是否有戒瘾的意愿?

◇向着标杆。对上瘾者而言就是戒瘾计划,如何让他们产生自觉,发自内心地愿意改变?

◇一直奔跑。做出行动并坚持下去。

与家属面对面

上瘾是否也像许多慢性疾病一样,有家族遗传的问题?吸毒、酗酒,甚至偷窃、杀人,和原生家庭有关吗?通常我会回答:"上瘾最主要的原因其实就是选择,在错误的时间,遇见错误的人,做的错误选择。"

许多来自父母吸毒酗酒家庭的孩子,他们成长在充斥着毒品、逮捕、暴力的环境中,然而他们并没有"选择"和父母走同一条路,相反,他们选择走"向上"的路。他们认为:"从小看到父亲吸毒酗酒,进出监狱无数次,我不要像我父亲那样。"

但是也有不少来自这样家庭的孩子,无法摆脱原生家庭带来的影响,选择沉溺在罪恶之中,他们的处境或许十分艰难,可能身上也有上瘾的基因(如酗酒)存在,他们认为:"我就是遗传到父亲爱喝酒不负责的个性,像我们这样的家庭,再怎么努力都没有用,干脆今朝有酒今朝醉!"

如果家长是上瘾者，对孩子是否有影响？答案：有影响。父母酗酒或吸毒的孩子，虽然不见得会成为酒鬼或毒虫，但是在性格及人际关系上容易产生极大的问题。

在这种家庭中成长的孩子长期承受深沉的痛苦，他们需要对此做出种种适应的行为，因此会产生焦虑不安。这些孩子身心得不到父母的关爱，带着有破洞的灵魂长大，虽然外表是成人，但内心像个孩子，极度渴望被爱、被赞美、被肯定，以致过度注重金钱及物质，直到他们能够彻底饶恕他们的父母，否则将永远被"空虚感"捆绑。

追究原生家庭必须要等到戒瘾完成一段时间再进行，这样比较妥当。了解原生家庭与上瘾的关系可以提醒我们注意更多重要的影响因素，避免这些不利的因素使人重新落入陷阱。当他们完全康复，从"罪错"的控制中解放出来，理性会光照他们内心深处，让他们明白过去的错误选择是如何造成的，是否是因为家庭、环境，避免重蹈覆辙。但是在上瘾者尚未治疗前，追究原生家庭没有什么帮助。

当我和家属面谈时，几乎所有的家属都有一个共同的特质就是"不断地责怪自己"："都是我以前忙于事业没有关心他""自从我离婚后孩子就产生偏差行为""都是我不好""都是因为我""因为孩子失去了父亲所以才自暴自弃"……通常我会很快制止，让他们不要再说了，一方面是因为心疼家属所承受的痛苦，另一方面是因为这样的悔恨对解决目前的危机没有帮助。

当人被"瘾"控制时，心灵是封闭的，心理辅导帮助不大，必须要等到脱离"上瘾的捆绑"，再来针对上瘾的内在原因进行辅导。我会比较关心当下的状况，比如哪一种毒品？什么时候开始用的？目前的状况如何？有法律问题吗？有离家吗？和哪些朋友在一起？

大部分的家长都不清楚孩子的吸毒状况，也不知道孩子上的是哪一类型的网站，只是不断地责怪自己，让我非常于心不忍，我总是会鼓励他们：孩子上瘾不是你的错，因为这是一个容易令人上瘾的社会，但是让孩子脱离"瘾"的控制，只有靠辅导与家长，所以现在开始请停止责怪自己，而是要关注"上瘾者自己必须负担什么责任"，同时让他们自己承担结果。

我会这么回答是因为当我的孩子发生问题时，曾经通过朋友找到一位辅导，她的第一句话就是问我："你孩子为什么会吸毒？孩子成长的过程中你疏忽了什么？"当时的我伤心不已，哭着说："我真的不知道。"（后来才知道她是婚姻辅导，真是隔行如隔山，辅导不应该随便接案子。）

这种刻骨铭心的痛苦经验让我在辅导开始时绝对不追究家长的过往，而是专注于从今以后不要再犯了。

许多药物滥用者的家属唯一能做的就是强迫他们去戒毒所，但是，即使他们勉强去了，期满回家可能规矩一阵子，家属以为"病"好了，欢喜快乐却忘了"界限"，以至于没多久又故态复萌，还是得忍受无尽的折磨。因此当上瘾者进入戒毒所，事实上家长也要"戒"，家长要戒的是"依附关系"。

为了让大家了解这种关系的严重性，我在《上瘾的真相》这本书中称这类人为"上瘾加工者"，坦白说几乎每个上瘾者的身旁都有"上瘾加工者"，"依附关系"大都发生在上瘾者的家人身上。家属应该先调整自己，逐渐摆脱和上瘾者的"依附关系"，迈向健康的关系，才有可能帮助上瘾者脱离各种控制，也就是我常说的：

"家人先改变，上瘾者才会改变。""瘾"是灵性最深沉的堕落，而"依附关系"则是对信心最大的考验。家属不要扮演上帝的角色，去拯救孩子或审判自己，让上瘾者"依附你"的结果，只会让双方更加痛苦而无法自拔。

❦ 什么是"依附关系"？

如果花了大量的精力满足上瘾者的需要或处理他留下的烂摊子，以至于好像掉进永无休止的陷阱里，和上瘾者的关系似乎达到"失控的状态"，那么就可能是"上瘾加工者"或者和上瘾者产生了"相互依赖"的关系。他的状况严重影响到你，这样的关系不但无法让你所爱的人戒瘾，反而会让你抑郁、狂躁、失眠，甚至精神分裂。

当我听到："我真是命苦啊！怎么会生出这样的孩子？"其实我很想说："你命苦，是因为你把孩子应该受的苦，往自己身上揽。"

许多家属团体成了"吐苦水大会"，仿佛谁最苦谁就最伟大，或者以此安慰自己。"上瘾加工者"还停留在"钉十字架"的阶段，看不到希望。在人前表达这是给自己的磨炼，但独处时又觉得长期受上瘾者折磨真的很可怜。

治疗上瘾者最大的困难不是上瘾者的家长或配偶不负责任，而是"太过负责任"，以致家人和上瘾者产生"相互依赖"关系（co-dependency，我比较喜欢翻译为"失控的关系"）。当我们的"爱"失去控制，很容易成为上瘾者的依赖而使其无法脱离捆绑，或者延长上瘾的时间。说得直观一点，就是"罪错的锁链"将上瘾者和家人牢牢地绑在一起，而家属却毫不自觉，因为"爱"的缘故，维持这种不健康的相处模式。

"罪错的锁链"将上瘾者和家人牢牢地绑在一起的这种情况，中国家庭比西方家庭更加严重，单是让上瘾者自己承担结果这一点，许多中国家长就做不到。曾经有孩子经常半夜去赌博，家长屡劝不听。我建议家长不要帮他还赌债，并且实施门禁，家长给我的答案就是"做不到"。他们担心孩子被追杀，担心孩子流落街头（其实这些都是幻想出来的）。事实上这个孩子已被上瘾捆绑了五年，家长宁可继续放任，也做不到让孩子自己承担责任，究竟是谁生病了？

前文提及许多家属为了帮助上瘾者脱离上瘾，好像身陷在湖中央，在下沉的过程中不断地抓"浮木"。这个"浮木"可能是机构，也可能是人。到后来才领悟到只有自己学会游泳，才能拯救溺水的孩子，这就是本书的目的，即帮助家属及辅导者了解上瘾者及如何帮助他们，也就是教家属"游泳"，拯救沉溺在不良习惯中的家人。

要学习"游泳"，首先必须纠正"错误泳姿"，让家属以正确的态度面对上瘾者。如果你有下列五个以上的症状，就有可能产生"依附关系"，成为"上瘾加工者"。

1. 觉得很没面子

一些人很喜欢比较，比孩子的成绩，比配偶的收入，比车子，比房子……无所不比。他们认为家人吸毒是奇耻大辱，很丢脸，担心被别人瞧不起。他们很害怕别人知道自己孩子吸毒或配偶有外遇、酗酒等，虽然犯罪的不是自己，却认为非常没面子。

上瘾是典型的"心灵争战"。有学校因为怕影响声誉，刻意将吸毒的学生开除，以致无法有效控管校园吸毒人口。这样的情况在有身份地位的家庭中更糟糕，一些家长宁可掩盖也不求助，说穿了就是面子问题。这些家庭和上瘾者产生"依附关系"的情况特别严重，脱瘾也就更加困难。

2. 刻意讨好上瘾者

用"讨好"对待上瘾者，非但对戒瘾没有帮助，反而和上瘾者产生"依附关系"，造成越来越严重的后果。因为你的礼物、关爱、礼遇永远比不上网络游戏、毒品、酒精、色情所带来的快感。讨好的结果只会让他们抱怨上瘾者没有良心，为自己带来更大的失落感。

请牢记，永无止境地关怀，对他好，让他开心，鼓励他，是不会让他悔改的。当孩子或配偶在外吸毒或酗酒回家，帮他们准备热腾腾的饭食，忙进忙出，心想："我这么用心会让他感动吧？"坦白说这是天方夜谭！甚至许多孩子只有在向父母索取金钱时才愿意和父母说话，于是父母成了"提款机"，不断地满足孩子的欲望，用不断地"给予"维持关系，这样只能维持表面和谐，无法带来真心悔改。

3. 模糊的界限

所谓"界限"指的是人与人之间的关系，这个"界限"不只是身体、金钱和归属，也包括情感、想法和需要。如果将别人的需要、想法和麻烦当作自己的责任，或者因此责怪自己，就可能成为上瘾者的依附关系人。例如，默许孩子在家吸毒，却不断地劝他去戒毒；为了维持婚姻关系忍受丈夫家暴；孩子交通违规父母缴罚单；先生外遇太太道歉等。上瘾者没有承担后果，反而让无辜的人承担，这就是"界限"问题。界限的模糊导致上瘾者不断地挑战底线，得寸进尺，结果造成更大的伤害。

4. 过度在意别人的看法

界限模糊的结果会让你过度在意上瘾者的意见，尽管这些意见都是你不赞同的。例如，上瘾者对父母说：你根本就不爱我，都是你的问题，都是你造成的……其实这只是他的个人意见，虽然你并不赞同，但是却将它吸收并且做出回应、产生自责。

不仅如此，你也会在意身边亲朋好友所说的话。例如，婆婆质疑媳妇没有好好照顾先生，丈夫责怪妻子没有教好孩子等，尽管那不是事实，但是不断回应这些人的"忠告"，让你感到身心俱疲。

5. 过度关心而牺牲自己

我在美国进行辅导时，常常听到父母对孩子说："我就是为了你才牺牲自己的前途，移民到美国，没想到你这么不争气……"为所爱的人牺牲自己是正确的做法吗？不见得。你的付出可能并不是他所需要的，如同父亲为了给孩子提供更好的物质环境而努力工作赚钱，但孩子要的可能只是陪伴。

上瘾者的家人如果常将"牺牲"挂在嘴边（虽然那是事实），如"为了救你脱离毒品我多么努力"……这样反而会造成对方的愧疚感，让他更无法面对人生的困境，从而加深对毒品、药物或酗酒的依赖。

6. 认为孩子在自己的掌控之下才是安全的

"学习放手"是让孩子成长的不二法门，这是辅导会中"信心"的功课。例如认为孩子在家就安全，不给钱就会去贩毒，在监狱会变坏，离家出走就会遇见坏人等，这些都是幻想出来却尚未发生的结果，说穿了就是没有"安全感"。滴水不漏的"掌控"只会促使上瘾者变本加厉，往相反的方向走。当你只在自己掌控的范围内才有安全感，那么你就有可能成为"上瘾加工者"。

7. 过度为他人着想

我曾经劝告家长对有暴力倾向的吸毒者进行报警处理或者请成年的孩子离家，以免威胁到家人的安全。大多数的家属都会告诉我：做不到。他们的理由都是：在监狱会不会学坏？被人欺负怎么办？会不会有犯罪记录？到了戒毒所不习惯、离家出走会不会被人欺负？这些都纯属凭空杜撰危机。

过度为他人着想会导致恐惧、沮丧。认为上瘾者所犯的错都是家属造成的。家属长期活在与现实不符的幻想之中，逐渐失去判断能力，带来更大的沮丧，甚至产生抑郁。

8. 否定事实

通常孩子吸毒的实际状况，会比家长理解的更严重。有些家长即使在家中看到毒品吸食器，也不相信孩子会吸毒，孩子的解释是朋友暂放的，家长却选择相信。

许多家属无法面对问题，对问题采取否定的态度，通常他们会认为都是别人的问题。例如："我孩子很乖都是被别人带坏的""我很好他才有问题""他的孩子比我的更严重"……有时候他们会用"专注于别人的问题"来代替自己的"需要"。借着忙碌，甚至借着"关怀别人"来掩饰自己才是有问题的人。他们不会寻求帮助，直到事情发展到不可收拾的地步。

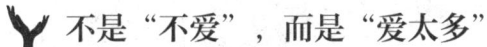 不是"不爱"，而是"爱太多"

许多上瘾者的家属不是"不爱"而是"爱太多"，不是"不

负责任",而是"太负责任",从而使自己及上瘾者双双陷入泥沼中无法自拔。表2可以帮助你检视自己是否无形中与上瘾者建立了"依附关系"。如果你有五个以上问题的答案是"是",那么你就有可能成为"依附关系者",更严厉的说法就是"上瘾加工者"。

表2 "依附关系"检验表

	是	否
1. 是否因为上瘾者而放弃工作?	☐	☐
2. 你和他的关系是否让你很不快乐?	☐	☐
3. 你觉得他会影响你的身份地位?	☐	☐
4. 常常活在悔恨当中,早知道就不会这样?	☐	☐
5. 是否常常帮他还债,或用金钱供应他的需要?	☐	☐
6. 是否认为这段关系耽误了你的前途,让你壮志难酬?	☐	☐
7. 每次冲突后会觉得对你不公平,觉得十分委屈?	☐	☐
8. 是否曾经借钱给他?	☐	☐
9. 如果你在争论中得胜,是否一再重申你的论点?	☐	☐
10. 是否失去盼望,觉得没有救了?	☐	☐
11. 是否曾经心不甘、情不愿地帮他买东西?	☐	☐
12. 是否因为他的关系让你忽略了家中其他人的需要?	☐	☐
13. 是否在对谈中经常提起旧事?	☐	☐
14. 这段关系让你经常失眠?	☐	☐
15. 扰乱、失望、挫折之后促使你想要改变他?	☐	☐
16. 是否认为当他看到你的辛苦,日子就会好过一些?	☐	☐
17. 曾经有自我毁灭的念头?	☐	☐

案例

家住美国的陈先生平时热心公益,也是成功的商人,经常在各地教学,夫妻俩是许多人的榜样。但是他们有一个不为人知的"痛",那就是他们的孩子吸毒已经好几年了,由于不胜其扰,他们将儿子安排在外州的房子独自居住,每月按时寄生活费，孩子的情况却每况愈下，陈先生只得不断地增加生活费，直到有一天警察找上门，原来孩子因为吸毒过量产生幻听、幻觉，被邻居控告非法侵入及骚扰，这才不得不求助专业辅导。

辅导者建议应该断绝金钱的援助及收回房子，只有这样才有可能将孩子送入戒毒所，进行暂时隔离治疗。然而陈先生夫妇却不以为然，认为"我是讲员，将孩子送到戒毒所，大家都会知道儿子吸毒，我怎么去教导别人？哪有脸去帮助别人？"

于是他们拒绝了辅导者的建议，花钱找律师帮儿子解决法律诉讼的问题，同时寻求教会的牧者同工为孩子的法律问题祷告，他们相信孩子将来会成为被上帝所用的人，到处做见证，成为荣耀的器皿，因为有信仰坚定的父母在为孩子祷告。

我认为，当我们祈求上帝改变环境之前，先要改变我们的内心。

前文提及上瘾者到后来是"病人"，无法自己帮助自己，许多亲属也一样，无形中让上瘾者产生"依附关系"，因此他们也是病人，无法帮助自己脱离"上瘾加工者"的角色。他们只在意"救赎"却忘了"审判"。他们没有真正解决问题，而是在"美化问题"。

"责怪""控告"是上瘾者惯用的语言，他们往往会说："家人不了解我""他们根本就不爱我"。换言之，他们的良心已经麻木，家人的善意和无尽的爱，反而让上瘾者变本加厉地使用更多的药物、酗酒来处理自己的"愧疚感"，因为这是他们唯一的出路。而家人因为害怕揭露真相会带来更大的冲突，于是试图隐藏、美化问题，维持表面的和谐，无形中成了"依附关系者"，也即"上瘾加工者"。

情况一

母亲："我发现你房间有大麻吸食器。"

孩子："你怎么可以随便进我的房间搜东西？你一点都不尊重我的隐私，这个家庭我受够了，你这个烂母亲，每天什么事都不做只会监视我，我要搬出去！"

情况二

妻子："我请你去接孩子回家，结果你居然跑去喝酒？喝醉了还让孩子从摩托车上摔下来。"

丈夫："是你自己不负责任，我帮你接孩子，还怪我？都是你给我压力，以为你有工作多了不起？我只是喝一点酒舒缓你带来的压力，有错吗？你这个烂女人，娶了你算我倒霉，这个家毁了都是因为你！"

通常"依附关系者"只想让日子好过些，努力尝试适应上瘾者，不要惹他们生气，不想把他们推到悬崖的边缘。如果家中还有其他的家人，更会忍气吞声，努力地维持家庭的和谐。于是，每天问候孩子，想办法做一桌好菜等他回家，或者带他去旅行，帮他解决法律问题，帮他找工作等，其实这些都是"康复"的阻力。

困难的是当家属要寻求帮助解决上瘾问题时，上瘾者就会恼怒、搅乱，仿佛无论怎么做都是家属的错，以致家属更加恐惧，不敢将"罪"摊在阳光下，和上瘾者绑在一起，活在痛苦的深渊中。

家属的自我"观护"

不会照顾自己的家属，就无法对上瘾者提供正确的协助。许多看似"协助"事实上只是在"拖延"。当你认清问题并且理解自己无法承担时，先让自己成为"健康的人"。例如，经常爬山、运动、参加小组。当亲人还在沉溺不愿改变时，先将自己照顾好，等待适当的时机。同时将上瘾者的"罪"摊在阳光下，不需要"昭告天下"，但是要寻求外人的帮助。

让他人知道上瘾者的问题，也就是寻求"介入者"。不要害怕寻求帮助带来的冲突或关系的破坏，这些都只是过程，要用爱心说诚实话，更重要的是不要控告自己，毕竟犯罪的不是你，不能包容上瘾者的错。

如果你是上瘾者的家人，你可以为他们做些什么？

◇学习关于各种上瘾的知识以及如何恢复（当阅读这本书时你已经开始了），借此了解他们，才能在适当时机给予正确的协助。

◇寻求合适的第三者介入，不要单独面对。

◇试着不要责怪、审判自己或其他人甚至上瘾者，这种状况对家中的任何人而言都是非常艰辛的，责怪、审判对任何人都没有益处。

◇提供一个没有毒品的环境，如果受邻居影响，可以考虑搬家，这样可以降低发生不良影响的概率。

◇ 理解戒瘾需要时间，不可能一夜之间改变，需要时间让上瘾者借助各种不同的方法慢慢恢复。

◇ 不要期待过去的日子会回来，这是不可能的。他的身体、心灵和大脑都已经受到上瘾的伤害，不要幻想过去的生活会回来，而是要创造一个远离毒品或酗酒的新生活。

◇ 要找到可以让上瘾者放松、享受的新的生活方式。许多上瘾者是为了放松才去喝酒，你需要找到健康但是被他接受的放松方式，如各种他喜爱的运动，一起看电影等。

◇ 试着不要用负面的语句和上瘾者沟通，如"都是你的错""你搞砸了""你害我"等。负面的语句不会带来改变，只会增加他们内心的愧疚感，进而躲入药物滥用或酗酒之中。

◇ 不要掩盖事实或为上瘾者找理由，例如单亲、受欺负、不小心、受朋友影响等，这会让他们忽略自己的责任，无法带来悔改。

◇ 不要帮他解决因为上瘾而惹出的麻烦，如被警察逮捕、交通罚单、被学校退学、失去工作等，事实上这些麻烦及后果会让他们产生想戒的意愿。因此无论他如何哀求，千万不要帮忙解决。

◇ 设立双方都同意的界限，如验毒、门禁、断网络、断零用钱等，目的是帮助家人拥有健康的生活，但不要将立界限当作惩罚或者羞辱。要让上瘾者明白这不是惩罚而是"界限"。"界限"是双方的立约，要事先谈好，无法遵守就必须付出代价。

◇ 如果你真的要在物质上帮助他，最好买食物或者衣服，而不是直接给金钱。如果你要帮他付房租、加油，也要直接付给房东或用油卡充值。

◇ 当他真心悔改、有心要戒，此时会感到恐惧茫然，因此当他进入戒毒所时，建议要陪伴，给予正面鼓励，并且常常探望。

我们能做的十分有限，如果你是上瘾者的家人，你可以为自己做些什么？

◇ 好好照顾自己的身体和心灵，长期陪伴上瘾者会耗尽心力，无形中你也生病了，也需要时间康复。当你所爱的人不愿改变成瘾状态时，此时的你应该锻炼自己的身体，如运动、登山、游泳等，同时仰望星空，等候时间的疗愈，当他们愿意悔改时，你才有足够的体力与心力去拉他们一把。

◇ 不要自责，你无法掌控他人的决定，更无法强迫他们改变，这是他们的选择。虽然我们在孩子的教育上或经营婚姻关系上曾经犯错，但最终还是他们的选择。

◇ 不要太过用心或者用力去照顾上瘾者，这样反而会让你更加失落，你的付出唤不回他们的心。最好的方式不是帮他们做什么，而是鼓励他们戒掉，在行为上成为他们的榜样。

◇ 寻求专业人员或有经验的第三者的帮助，并且持续参加家属支持团体。这是场持久战，没有同伴很难支撑得下去，面对所爱的亲人容易当局者迷，需要专业人员和有经验的第三者从旁协助。最好不要让其他的亲人卷入，那样只会造成更多的纠葛。

◇ 不要争论，不要试着和上瘾者讨论或争论他们的问题，争论对错不会带来任何的改变，指出"罪错"只会让对方离你远去，更加深你的挫折感。

◇ 伤害自己或负面语气只会让他们越陷越深，尽可能不要用负面的语气和上瘾者沟通，那只会增加他们的愧疚感，促使他们更加依赖药物或酒精。

◇ 不要因为上瘾者的搅扰而忽略了其他的家人，要知道他们也是受害者。

案例

阿强自幼家境优渥，他的家族在当地曾经很有名望。年轻时阿强就沾染上海洛因和酗酒，经常打架闹事，家里的财产被他挥霍殆尽。老母疼爱阿强，将最后的栖身之所拿去抵押贷款，因为无法偿还贷款而面临被法院拍卖。

多年来许多亲友都劝告阿强的母亲不要再用金钱支持孩子，邻居建议阿强的母亲向警察举报，看阿强是否会因此而彻底悔改，却被阿强的母亲一口回绝："我只有这么一个儿子，他如果被警察关押，我怎么对得起祖宗？况且他很善良，很孝顺。"

阿强的母亲年事已高，所有的积蓄都被阿强花光，最后只得靠拾荒勉强过日子。阿强知道母亲很爱他，但是自己没有一技之长，年纪也大了，找工作谈何容易？于是每天浑浑噩噩地过日子，偶尔帮母亲拾拾荒。

经济拮据，但毒品用量越来越大，阿强的脾气越来越暴躁，在一次冲突中将母亲打成重伤，母亲这个时候才悔恨不已，认为是自己教子无方，在医院上吊自杀了。出殡时，阿强被亲戚要求三跪五叩进入灵堂祭拜。丧礼结束后阿强窃取了部分丧仪，买了他的最爱——海洛因……

只靠"无尽的爱"无法改变上瘾者，牺牲自己更无法让他们感动。我们能做的就是让他们经历犯错得到的结果，产生自觉需要改变。当他们愿意改变时，我们才有力气拉他们一把。

许多家属长期与上瘾者为伍，逐渐成为"依附关系者"。等到上瘾者愿意改变时，家人自己已"生病"了，负面思想带来负面言语，成为康复的阻力。例如，"我就知道你改不了""你自己想办法戒""不管你了"等，这就是家属没有好好照顾自己的结果。

让上瘾者悔改是一件困难的事。家人帮助上瘾者的目的是让他们学会自己承担过错，而不是将"他们的错"揽在自己身上。坦白地说，没有勇气是做不到的。如何能够脱离上瘾的"依附关系"？最重要的是"转移注意力"。

第一，将注意力从上瘾者的身上转移到其他人和事物上。上瘾是长期隐藏罪错的结果，依附关系也是一样，长期专注上瘾者，结果自己也跟着"生病"了。

第二，将眼光从对过去的悔恨与对未来的惶恐转到"现在"。美国匿名药物滥用协会有句名言："今天好就好。"（"Just for Today."）我们的努力只为了今天，只要今天比昨天好就好。未来只能交给时间。因为——

酗酒、嗑药不是你造成的，这是他们自己的选择；
你无法控制他们，他们的心思意念你看不到；
你不能治疗他们，需要专业人士的帮助及时间的疗愈。

思考与讨论：

◎ 在上瘾者尚未脱离成瘾时，追究原生家庭会产生什么样的后遗症？

◎ 你曾经是"依附关系者"吗？或者你有认识的"依附关系者"吗？什么情况下会成为"依附关系者"？

◎ 解决问题和美化问题有何不同？两者分别会带来什么结果？

◎ 一般人比较不容易将"罪"摊在阳光下，为什么？他们害怕什么？家属如何自救才能帮助上瘾者？

第二部
Part 2

转折点：揭露、协谈与介入

第四章
带来痛苦与重生的"转折点"

什么是上瘾者生命的"转折点"？说穿了就是危机。没有危机就不会带来重生。什么是上瘾者的危机？就是"被揭露"的时刻。"揭露"是有危险的，会带来极大的冲突，可能导致上瘾者被逮捕、妻离子散、失去工作、失去健康、失去家庭及所有的一切，因此许多家属怀着鸵鸟心态，认为情况没有那么严重而放任上瘾者继续下去。

读者或许会问："一定要这样吗？难道不能用劝告吗？"坦白说，这真的要看是什么样的上瘾，哪一种毒品，上瘾时间有多久，是否带来生活、人格及大脑的伤害等。对上瘾性极高的冰毒、海洛因、色情等可能必须采取比较激烈的手段阻止上瘾对大脑的破坏。而其他成瘾性相对较低，不会产生强烈断戒症状的如K粉、网络游戏等，可以先采用协谈的方式（详见本书第七章），协谈后观察一段时间，再决定该采取什么样的行动。因此必须先厘清以上问题，同时将"上瘾"摊在阳光下，寻求外在的帮助，才有机会。

当人们上瘾时，他们是属于魔鬼的，我们必须站在对立面，对上瘾所带来的"罪"零容忍，即使让上瘾者坐牢也在所不惜，但是必须放下自己的情绪，才能有效化危机为转机。

通常我会鼓励家属："活着就有希望。"苦苦相劝对头脑不清、个性软弱的上瘾者是无效的，许多家长不断地发消息、不断地劝告，甚至威胁"如果你不戒我就会……"但却从来没有真正行动，时间久了自然被上瘾者看破，结果无论你如何劝告、威胁、利诱，他还是依然故我，只是掩盖的技巧更高明而已。

前文提及，在上瘾者的心中，劝告就是"唠叨"，鼓励就是"纵容"，威胁就是"笑话"（因为知道你根本做不到），只有"出事"才是"警讯"。

出事就是危机。关键在如何善用危机，如何使它成为上瘾者的转折点，而不是污点。有一个很重要的观点就是"这个危机是他自己创造的，而不是你给他的"。这就是我在《上瘾的真相》中提及的"猪圈理论"：浪子没经过"猪圈"（也就是人生谷底），是不会悔改的，关键在于父母必须要先放手。

曾经有个个案，孩子在17岁时行为叛逆、使用毒品、参加帮派，父母为了避免孩子继续堕落下去，于是半夜找人强制将孩子送往专门管教不良少年的寄宿学校（美国法律规定父母对18岁以下的青少年拥有强制权）。有效吗？短期是有效的，当孩子正处于危险边缘，让其暂时脱离险境是有效而正确的，孩子会因为惊吓而改变，但是这绝对不是"万灵丹"，这只是"过程"而不是"结果"。

孩子不可能"从此以后"就变好，家长也不要误信这就是"结果"，没有后续长期的监控及康复过程，有时候只是在拖延孩子悔改的时机和给家长喘息的机会而已。转折点的到来越早越好，家长拦阻危机的结果只会造成更多的伤害。

有位16岁的女孩屡次为了与40岁的网友相聚而离家出走，而这名网友有吸毒前科，女孩的父母伤心欲绝，不知所措。由于家庭经济状况不错，父母强制将女儿送往外地的寄宿学校，不料女儿居然逃跑了，并且非常痛恨父母。母亲理解女儿寻找慰藉的原因是因为父亲不断地外遇，于是默默带着女儿参加医治特会并且长期陪伴，父亲也认识到自己外遇对女儿的伤害而回归家庭。当父母悔改并且找出原因时，孩子才有机会变好。这段化危机为转机的历程足足持续了两年，但终于带来了真正的改变。

上文提到的另一个家庭，父母半夜强制将儿子送往寄宿学校，当儿子毕业返家后行为确实变好了。父母是非常敬虔的基督徒，带着"浪子"到处做见证，鼓励儿子在教会服事，并带领敬拜，想要扭转外界对儿子的"不良印象"。但糟糕的是父母没有监控，不清楚儿子偏差行为的背后是可怕的毒品，儿子上台做见证的结果是"认为自己好了"，放松了警戒。父母认为只要儿子上教会、参加特会、痛哭悔改就没问题。儿子为满足"被宗教捆绑"的父母，一边上教会，一边吸毒，直到多年后被警察逮捕、妻离子散才真正悔改……

有效的戒瘾辅导必须量身打造。因为每一个人都不一样，"吓阻"对有些人是有效的，但对有些人却会造成永久的挫伤。必须要先找出堕落的原因，先行沟通，设立界限，然后放手让他自食恶果，虽然会花时间、付出代价，但最终会带来真正的悔改。

当上瘾者经历"转折点"时，会带来极大的痛苦与羞辱，家属也一样。但是这样可以帮助家属认清真相，虽然必须付出惨痛的代价，但那却是上瘾者重生的契机。

直面"转折点"实在太痛苦，许多家属选择逃避。例如，想尽办法帮上瘾者避免牢狱之灾，对吸毒视而不见甚至包庇，当上瘾者发怒时急忙躲避而不寻求帮助，因面子问题担心亲友知道而想办法隐藏，无法忍受上瘾者吸毒而自己离家出走等。此时，家属需要的不是安慰，而是勇气。因为只有带来痛苦的"转折点"才能带来真正的康复。

相信最后的结果是美好的，只是需要时间。千万不要扮演上帝的角色出手干预，而是要有勇气面对揭露后的真实状况。

思考与讨论：

- ◎对上瘾者而言，他的"尽头"是什么？什么又是上瘾者家属的"尽头"？
- ◎家属拦阻或化解危机，对上瘾者会产生什么后遗症？
- ◎为什么"出事就是好事"？会给上瘾者及其家庭带来什么样的帮助？

第五章
"揭露上瘾"

选择面对黑暗是迈向光明的开始。

"瘾"既然是偶像崇拜，就很难隐藏。当发现时早已上了"瘾"的毒钩，并且到了扰乱生活、无法自理的地步。因此上瘾辅导者的共同认知就是"越早越好"。

刚开始可能是受人诱惑、漫不经心、毫无防备，觉得偶尔一次不会怎样，但由于"罪性"的缘故，上瘾者觉得没被发现，就会萌生"再试一次"的侥幸心态。就如同赌博，每一次赢钱总会加强他再试一次的欲望，如果刚开始就输钱则不大会有后续的发展。

药物滥用也是一样，没有被发现会促使他们跃跃欲试，直到被发现为止。但在这期间他们可能会借钱、偷窃、贩毒等，甚至被逮捕入狱，通常家人发现时，可能他们已经被毒瘾捆绑很久了。这就是我主张毒品检验剂必须开放给一般民众，并且告诉家有青少年的家长如何使用的原因。

网络游戏上瘾的人也有类似的心态，家长如果完全禁止，反而会加深孩子的渴望，最好的做法就是"限制而不禁止"。同时这个限制必须经过双方同意，而不是由家长决定，孩子一旦破坏约定就必须付出代价，这样他们就比较不容易归罪到家长身上。

上瘾是灵魂最深沉的堕落，上瘾者会不断地制造问题，造成家人的紧张与冲突，如果他们的工作或学业因此受到影响，他们总会找个借口："家庭、工作给我的压力太大了，我需要放松一下""他们都不了解我""她如果多爱我一点"……他们对自己的行为毫无愧疚感，毒品和药物就是他们的"朋友"，甚至是"恩人"，毒品、色情网站、酒精就是他们的"避风港"。

这种自欺欺人的心态已经成为他们上瘾的借口。曾经有母亲得知毒品贩子的电话后准备报警时，却被孩子阻止，孩子居然说："妈妈你不要害他们，他们是救我的。"上瘾者热爱他们的"偶像"超过一切，这一点会让爱他们的家人感到非常忧伤。此时的上瘾者已经到了偶像崇拜、被奴役的阶段。就我的经验，到了这个阶段，上瘾者总会以威胁、恐吓的手段对付家属，因此不少家属和上瘾者一样会选择"逃避"，不敢面对真相，从而增加了辅导的难度。

上瘾者没有曝光，而家人的生活却被扰得一塌糊涂，家人会以为"这可能是我的问题""青春期过了就好""他已经发誓不会再犯了"等。上瘾者长期脱序的行为让家人感到疲倦、沮丧、无望，久而久之也成了"依附关系者"，不去处理上瘾问题，只处理因为上瘾而产生的"衍生问题"。例如，因为害怕债主追债而帮孩子还赌债；代缴孩子过多的交通违规罚单，而不去思考为什么会违规，背后的原因是什么；孩子因为沉迷网络游戏而成绩下滑，于是帮他找家教；抱怨孩子花太多钱，但是不去追究钱花在哪里。

曾经有家长因为孩子大麻成瘾，行为越来越失控，于是寻求帮助。由于大麻断戒的症状是恼怒、暴力，但是使用了大麻后就会变得温和有礼，于是家长只好每天不断供应大麻，以换取安静没有冲突的日子，直到孩子用量越来越大，恼怒的时间越来越长，甚至休学在家，家长才不得不面对上瘾问题。

许多上瘾行为刚开始不易被察觉，其中一项原因就是如此。有的家长明知道家中经济条件不佳，经常看到孩子有钱可花，却不追究"钱从哪里来"，是否有可能从事不法的事情；或者经济富裕的家庭，家长不去追究"钱花在哪里"，是否有可能去买毒品，以致错失揭露孩子吸毒事实的最佳时机。

"发生"指的是刚开始上瘾却没有被人察觉，"发生"与"发现"可能会间隔好几年。因此"尽早发现"是脱离捆绑的重要契机，这也是为什么家属要认识上瘾的真相，即使遭遇痛苦、冲突也必须面对。

"揭露上瘾"一定会带来更多的冲突，一定会带来家庭革命。但最终一定会赢得胜利，因为黑暗无法战胜光明。因此，面对真相、揭露上瘾、不听从上瘾者的谎言，是赢得胜利的第一步。

网络游戏、色情、赌博等行为类上瘾的揭露远比其他上瘾更困难，因为"使用时间与次数"的问题在被揭露时往往已经很严重。如网络游戏、手机、色情、赌博等，沉溺的时间比较长，会在不知不觉之中上瘾。许多家长只知道孩子乖乖在家玩电脑，而不去追究浏览了什么网站。

揭露行为类上瘾最大的问题在于，这类上瘾广泛存在于各个角落，只要有一机在手，色情、游戏、赌博即可畅行无阻。"消遣"和"沉溺"的界限比较难判断，许多家长反映学校布置的作业需要上网完成，但是很难界定孩子是在写作业还是玩游戏。网络游戏的防止及处理请见《上瘾的真相·网络游戏篇》，其实不是家长不知道如何处理，而是家长压根就不处理或者用"愤怒"的方式去处理，结果当然不理想。

对行为类上瘾的揭露，可从以下几个方面展开。

1. 工作、学业

工作习惯是否改变？拿回家的钱是否突然变少？

是否经常迟到？学习成绩是否突然一落千丈？是否经常旷课？是否注意力不集中？当你走进他房间的瞬间，他是否会立刻关闭计算机？

通常他们会以"主管不公平""不要吵我，离开我""老师讨厌我""我没有兴趣"等为借口。这个时候最好找同事或老师谈一谈，看情况是否属实，若有怀疑也要告诉他，主要的目的是搭建一个开放、公平、诚实的平台。

2. 朋友圈

同伴团体是否改变？是否更秘密行事？如果是青少年，是否花更多时间在房间内独处？

3. 身体、情绪

体重是否突然下降？是否经常目光涣散，眼睛布满血丝？思想上是否经常出现很奇怪的逻辑？原本按时运动却突然不去？是否经常感到很疲倦？

4. 金钱流向

是否突然多了好多信用卡，无法解释异常的金钱流向？此时最好不要专注于"金钱的损失"，而应弄清楚"钱去了哪里"，找到源头避免再犯。财务的损失也必须要上瘾者自己负责。如果是青少年也必须要通过自己的劳动偿还债务。

5. 经常晚上无故离家

是否无法解释去了哪里，回家时满身烟味？

行为类上瘾的发生总是无声无息，如赌博总是要等到输光积蓄、刷爆信用卡、债主找上门的时候才会被发现。色情网站上瘾除非被发现，否则更难揭露，但色情网站带来的不利影响是多方面的，它会伤害一切人际关系，包括婚姻、父母、子女、工作、生活等，上瘾者将自己封闭、不和外界联系，以至于无法自拔，最后极可能产生犯罪行为或形成偏差人格。

行为类上瘾被揭露时很难界定是否上瘾，因此要通过协谈才能逐步确认上瘾与否。"自我揭露"是行为类上瘾康复的契机。因此当有人向你承认有这方面的问题，千万不要"定罪"，而是要"理解"，设定"监督行动方案"。

吸毒、酗酒等物质类上瘾的揭露，就是观察、确认、面对。

所有的上瘾中，酗酒和吸毒最令周围的人痛苦。不仅伤害自己的身体和心灵，更为家人带来无尽的痛苦与哀伤。甚至比家人得癌症还痛苦，因为必须面对社会的标签和外界的指责："你孩子吸毒一定是你有问题。"以至于家人宁可姑息，也不揭露事实。家人尽可能地不去刺激上瘾者，大家相安无事即可。

我曾经问过一位因吸食大麻以致一事无成的孩子的父母：为何不尽早处理？当父母年老而孩子却无法独立时怎么办？他们告诉我："反正我死了就看不到了，一了百了。"许多父母不是不知道而是不敢揭露，因为害怕冲突。一些家境优渥的父母认为反正也供应得起，就让他吸吧，只要不出事就好。

揭露的目的，是让上瘾者知道会有行动阻止他继续犯罪。上瘾治疗是漫长的旅程，"揭露上瘾"也一样，因为上瘾者太过狡猾，而家人又过度关爱。基本上必须经过"观察→检验→面对"三个步骤，才能拟定未来的戒瘾计划。

请牢记，揭露不是抓罪犯，而是让我们有准备。"面对"不是"质询"，而是让上瘾者产生对自己行为的自觉，愿意改变。"检验"的目的是再度确认，也是让吸毒者警惕，而不作为犯罪证据。必须在心态上做出调整才会带来最好的效果。揭露孩子吸毒和丈夫外遇，都无法通过质问达到确认的目的，他们的答案一定是"我没有"，可能还补上一句"你乱说"。因此必须通过"观察"而不是"质询"。

当你揭露对方的上瘾时，他们会感到羞愧、难过、生气等。但是难过不代表悔过，难过是一时的，而悔过需要行动及时间。"揭露"的具体步骤如下。

第一步：观察。

许多物质类成瘾在刚开始使用时不容易被察觉，例如处方药、海洛因、K粉等，他们只是"偶尔玩一下"，认为自己可以控制。"偶尔玩一下"其实会持续一段时间，他们可以在吸毒的同时正常工作、正常上学、正常生活长达半年以上，在外地工作或上学者更难被察觉是否使用毒品。

及早发现可以帮助家人早日脱离毒品的捆绑。以下是观察的重点。

1. 生理反应

眼睛经常布满血丝，瞳孔比平常放大或缩小。

食欲及睡眠习惯改变，经常睡着或醒着超过12小时。

体重忽然减轻。

卫生习惯改变，不注重个人清洁。

身体或呼吸散发出不寻常的气味。

脸上突然多了许多有脓的痘子。

说话含糊不清，字句不连贯，有时不知道他在说什么。

2. 行为反应

旷课、旷工频繁。

经常夜归。

有无法解释的异常金钱支出，曾经偷钱或借钱。

似乎想要隐瞒什么，行为举止诡异。

朋友圈、喜好及生活习惯毫无征兆地突然改变。

经常惹麻烦，如打架、闯祸、违法等。

经常将房门锁起来。

3. 心理反应

个性及态度和平常差异很大。

情绪容易波动，经常恼怒、乱发脾气。

很容易激动、不安、烦躁。

缺乏动力，经常昏睡或大脑一片空白。

没有原因的害怕、恐惧及莫名的偏执狂。

第二步：确认。

如果发现对方的房间或背包里有锡箔纸、针头、小包装的粉末、烟卷、奇怪的即溶咖啡奶茶包等，可以在网上搜索毒品样式，确认真相。

得知真相以后，家属的反应通常不是崩溃大哭，就是暴跳如雷，这样的态度对解决问题并没有帮助，反而会让上瘾者更加隐蔽地行事。相反，如果上瘾者在家属尚未发现前就坦承，那么坦白地说，无论他做了多少坏事，都值得为此感恩，所以家属不要生气，因为他在寻求帮助，表明有很大的悔改契机。

当孩子向你坦承却换得一场暴怒或体罚，只会让他更加依赖药物。因此家长最好的做法是：深呼一口气，"勒紧"自己的舌头，并准备下一个阶段——尿液筛检（下面简称尿筛）。

我期待有一天，毒品筛剂就像验孕棒一样，可以轻易地在各个乡镇卫生所，甚至从自动贩卖机上取得。其实在染毒初期被发现，通过家长的有效管控，很快就能让孩子脱离毒品的捆绑。然而，由于一些人爱面子又担心孩子留下犯罪记录，不愿让警方或校方检验，以致耽误了最佳治疗时间。

我曾经走访相关管理部门，呼吁将毒品尿筛普遍化。我也曾经在讲座上发放毒品筛剂，其中有位家长告诉我，她怀疑夜归的孩子吸毒，于是用我给她的筛剂为孩子检验，果然呈阳性，家长立刻适当处置，孩子从此再不敢碰毒品。这是非常有效的初期防毒的法宝，如果能够加以倡导，必定会带来反毒契机。

对长期药物滥用或功能失常的上瘾者而言，毒品检验效果有限，但对于初期因为好奇及朋友怂恿阶段的青少年而言，毒品尿筛检验具有恫吓作用。在家自行筛检的好处除了可趁早监督管控，还可以避免家长产生面子问题，担心孩子在警局留下不好的纪录或在学校被标签化。青少年染毒是生活习惯及心理的问题，毒品筛检只是显露真相，无法解决真正的问题，但对于厘清真相却是最重要的一步。

请牢记：毒品尿筛不是用来惩罚的，而是帮助我们厘清真相。家属的语气一定要平和："我很担心你昨天晚上和朋友出去是不是用了不好的东西。我知道你应该没有用，但是为了让我安心，是否可以让我检验？也可以证明你的清白。"如果对方暴跳如雷、坚持不验，也不用勉强："你反应这么强烈，坚持不验，我想应该是用了，可不可以坦白告诉我？我保证不会生气。"

第三步：面对。

当家属发现家人染毒，通常会出现各种各样的情绪问题。这时，应该先冷静思考：是什么时候开始的？这可以帮助我们判断染毒时间及是否上瘾。通常当我们发现时，对方可能已经染毒一段时间，只是不知道吸食的是什么毒品而已。这时，可以上网搜寻毒品的种类。某些毒品的上瘾性较高，需要求助戒治单位，比如冰毒、海洛因等；而上瘾性相对不高的K粉等在初期染毒时，通过家长的关心、陪伴、设立界限，有机会让孩子脱离捆绑，其步骤如下。

1. 立下规则和具体可以衡量的后果

不要制订没有后果的规定，如"不可以吸毒"（应该是"吸了你会得到什么样的结果"）。不要空心威胁，如"我警告你：不可以吸毒"，或者设置实际上做不到的结果，如"你吸我就杀了你"等。规则应该要可行并且明确，如"如果证明吸毒就必须离开家"等。最重要的是不能单方强制设置规则，必须要和上瘾者共同约定。特别需要注意的是，配偶和其他家人态度必须一致。

2. 监视活动

家人一定要知道上瘾者的去向，知道他是和谁出去。同时，要定期检查毒品的藏身之处，比如书包、房间等。必须要和上瘾者解释这样做是因为他吸毒的关系，你必须要保护这个家。态度坚决但也要和善。

3. 牢记毒瘾不会自动消失，而是要被"替代"

许多人虽然摆脱了毒瘾，却落入赌瘾或其他上瘾。作为家人，应鼓励上瘾者参加他感兴趣的活动，如游泳、健身、球类或参加学校举办的社团等，物以类聚，必须帮他建立新的人际关系，为他寻找健康的友谊环境，如运动俱乐部等。

4. 厘清吸毒的根源

当上瘾者处于清醒状态时，要心平气和地与他谈论使用毒品的潜在问题。比如，他是在什么情况下使用毒品？是否有任何压力？是否有朋友找麻烦？是否在近期发生重大变化，比如搬家、亲人过世、父母离婚造成压力等。

5. 求助于权威人士

大多数的药物滥用者往往本能地反抗他们的父母，但如果从不同的权威人物口中说出相同的信息，他们会比较容易接受。因此必须要寻找另外的沟通渠道，作为上瘾者与家属之间的桥梁，比如老师、教练、医生或家族中有威望的长辈等。

当家属得知真相时，可以流泪，但不要发怒。"愤怒"是上瘾烈火的"助燃剂"。唯一能够"对灾害进行管控"的就是"冷静"。曾经有孩子这么说："当我向我妈承认我偶尔拉K时，我妈几乎疯掉了，又哭又喊，吓死我了，这让我非常后悔向我妈坦白。我只能配合她演出：下跪、道歉。然后，我还是继续拉，只是更加小心，确保不被发现，更不敢让我妈知道。直到我膀胱都坏掉了，三番两次跑厕所要看医生，才又被我妈发现，这次我妈居然向我下跪，真倒霉！"

情绪的崩溃只会带来更大的伤害，此时朋友的分担和安慰特别重要，应该将自己的情绪、担忧交给可以信任的人。

孩子在青少年时期染毒，会促使家长对教养方式进行深刻反省，但需要明确的是，反省不是自责，而是做修正。孩子人生的道路还很长，上瘾的事实提醒家长可能在教养上的某一个环节关注不够或过犹不及。虽然要付出非常惨痛的代价，但事实上也是给家长成长的机会，以便更加了解上瘾者，同时可凝聚夫妻及其他家人的向心力，共同打一场漂亮的仗。

然而不少家长却用"忙碌""关怀别人"来逃避面对孩子上瘾的事实。就像前述案例中的陈先生一样，其背后的原因和上瘾者一样，都是"骄傲"作祟。借着忙碌的工作来逃避问题，这样只会耗尽自己的精力，当午夜梦回时会更加悲痛。一些家长明知道孩子吸毒、酗酒，却暗地里给钱让他任意妄为。

如果你知道家人在上瘾中挣扎，建议暂停一些活动，专心照顾自己，寻找和你一样的过来人一起讨论。努力做好准备，鼓足信心等待黎明的来临。

不要对别人的经验照单全收，因为没有一个上瘾者是一样的，每个人的个性、所处的环境、染毒的动机等都不一样，家属第一时间要做的就是厘清真相、搜集信息、寻求帮助，针对上瘾者量身打造戒瘾计划。

思考与讨论：

◎ 行为类上瘾关键在时间和次数，如果全面禁止网络游戏，会产生什么样的后遗症？

◎ 如果孩子或配偶向你承认有上瘾问题，你应该采取什么态度、避免什么态度？不同的态度会分别带来什么样的结果？

◎ "揭露上瘾"是非常痛苦的，作为家属，哪些情绪应该避免？应该立刻采取哪些行动？

◎ 使用毒品试剂的前提是什么？如果使用不恰当，会带来什么后遗症？

◎ 当我们发现孩子染毒时，应该避免哪些态度？情绪的宣泄会带来哪些伤害？

第六章
关于"落入谷底"

> 必须透过跌倒才能学会如何爬起来。
>
> ——理查德·罗尔（Richard Rohr）

某人有两个儿子。小儿子对父亲说："爸爸，请你现在就把我应得的财产分给我。"父亲就把财产分给两个儿子。过了几天，小儿子卖掉了分得的财产，带着钱离家而去。

他到了遥远的地方，在那里挥霍无度，过着放荡的生活。当他花光了所有的一切，那个地方发生了严重的饥荒，他一贫如洗，只好去投靠当地的一个居民，那人打发他到自己的农场去看管猪。他恨不得拿猪吃的豆荚来充饥，因为没有人给他任何东西吃。

最后，他醒悟过来："我父亲那里有许多雇工，他们粮食充足有余，我反倒要在这里饿死吗？"

故事中的父亲可理解为"上瘾者的家属"，父亲其实可以不分财产给孩子，但是他选择放手，让孩子自己承担后果。当孩子醒悟时父亲也没有在身旁。小儿子不但醒悟，同时也有行动，那就是回到遥远的家乡。

然而在现今一些家庭中,真实情况却是浪子在家中挥霍无度,家人无限供应住宿、食物、娱乐,还对他嘘寒问暖,现代浪子会拖垮整个家庭。父母无奈地说:"我也想让他去戒毒,但是他不肯怎么办?赶他出去又怕他贩毒或自杀,报警又担心他会恨我一辈子。"

坦白地说,在家的浪子对家庭的破坏力比离家的浪子更严重。问题在于许多家属分不清"放手"和"放弃",也不知道仅仅让上瘾者感到难过并不会带来悔过。

"放手"不等于"放弃"

几乎所有的辅导者都一致认为,上瘾者必须真正走到人生谷底,才会醒悟过来,但问题是:什么是"谷底"?是让他走投无路?让他的生命受到威胁?让他受苦、潦倒?如果"谷底"永远不会出现怎么办?难道我们就坐视不管?让孩子真正跌落谷底,许多家长似乎很难做到。

我们的文化认为养育孩子是父母的责任,在家长的眼中孩子永远是孩子。如何让他们有意愿戒瘾而不至于有生命危险,是上瘾者的家长普遍面临的问题。让上瘾者走投无路的目的是让他们醒悟,而不是逼他们走到绝路。但是,不少上瘾者即使到了走投无路的地步,即使出了监狱、离开戒毒所,似乎还是没有醒悟,为什么?

必须认清"放手"不等于"放弃"。不少家长因孩子吸毒而受尽折磨,干脆当作没有生过这个孩子。但是每当夜深人静,心中还是隐隐作痛。真正负责任的家长应该是"放手"而不"放弃"。"放手"就是让孩子自己承受上瘾所带来的痛苦,而"放弃"则是不给他任何机会，随他而去。

我能够理解当家属被上瘾者一再地欺骗、扰乱，真的宁可没有这个家人，但那是自欺欺人的想法。

曾经有个案主多年来始终无法戒掉海洛因，母亲身心俱疲，经常埋怨孩子让她无法正常生活。然而当孩子被捕入狱，产生悔改的心，出狱后决定要去戒毒所生活一年时，我再三叮咛请母亲坚持下去，进戒毒村的前夕是最危险的时刻，极可能因为吸毒过量而导致死亡，一定要陪伴孩子直到亲眼看见他进了戒毒所。

可是母亲不愿意放下手边的工作，认为自己为孩子牺牲得够多了，明知道家中藏有毒品，还照样维持日常作息，认为一切都是孩子自己的选择。当孩子进了厕所并将门反锁后，母亲却径自去睡觉，天亮时孩子已经死在厕所内，母亲连急救都来不及，虽然对她而言是一种解脱，终于摆脱了孩子染毒的痛苦，但却陷入更加痛彻心扉的悔恨中，值得吗？

只要父母不放弃，孩子一定有机会康复，但是这种悔恨却是一辈子挥之不去的。这是解脱吗？当然不是。让上瘾者落入人生的谷底，目的是让他产生悔改的心，而不是放弃他。家属必须先将自己的身体和心灵照顾好，当上瘾者悔改时，才有足够的体力与心力拉他一把。

无论进监狱还是进戒毒所，都是他们自己选择的结果，必须让他们明白这个结果是他们自己造成的，而不是家属给的。有些家长干脆将上瘾者放在乡下或安置他处，眼不见为净，这些心态都是要不得的。送入戒毒所最重要的是让他有机会认识自己，产生悔改的心，而不是因为戒毒所免费或解决家长的问题（当然这也是原因之一）。如果家长在心态上是"放弃孩子""省去麻烦"，那么当孩

子走出戒毒所后会带来更大的麻烦。

"难过"不代表"改过"

需要认清的是，"难过"不代表"改过"。有些家属认为把上瘾者逼到绝境，他们就会改过，事实上只是带来痛苦和难过，不会带来真诚的悔改。

在台湾有位父亲以炒股为业，认为金钱万能，经常将老婆、孩子都靠他养活的话挂在嘴边，甚至有外遇，还经常用言语霸凌妻子。年轻的儿子染上赌瘾，父亲为了逼他戒赌，将孩子扫地出门，断绝一切资源。因为大家都告诉他："孩子不到谷底是不会回头的。"

这位父亲这样做会带来孩子的悔改吗？当然不会，除了让孩子难过，什么效果也没有。

你不能自己抽烟却强迫孩子戒毒，自己炒股却逼孩子戒赌，自己有外遇还要求孩子戒瘾，或者不断地用言语羞辱上瘾者，这只会让他们"难过"，而不会带来真心悔改。例如，孩子网络游戏成瘾，被罚断网，孩子会难过、难受，但不一定会悔改。一些人为了赌博输掉所有积蓄，负债累累，以致露宿街头，虽然很难过，但悔改了吗？不一定。一些吸毒的累犯到戒毒所逃避牢狱之灾，在戒毒所中打架闹事，出来后依然故我，有悔改吗？

不少人在法官面前下跪，痛哭流涕，悔不当初，可当刑期一满，却依然故我。这些人曾经难过到痛哭流涕，但这并不代表"改过"。

真正的悔改会带来行动及自我节制的能力。例如，当孩子愿意悔改时，他会清楚交代行踪让你放心，会积极参加小组聚会，会拒绝过多的现金，把赚来的钱主动交给你，免得落入诱惑，并会帮你做家务等，这才是悔改。如果没有，那就只是"难过"而已。

当你认为上瘾者要落入谷底才会悔改，先要弄清楚，这种结果带来的是"难过"还是"改过"？如何让上瘾者"改过"而不仅仅是"难过"？关键就在界限。很多家长以为设立界限就是直接、诚实，但事实上没有这么简单。应该先设身处地为上瘾者着想，当你还没有弄清楚之前，不要太快让他尝到苦果。

我能体会许多家长的心情，他们真是受够了，糊里糊涂、断章取义地听从别人的建议，以至于越弄越糟。例如，孩子沉迷于电子游戏而不肯上学，应先弄清楚他在学校有没有和老师或和同学相处的问题？是否有学习障碍？如果没有先弄清楚这些问题，就贸然切断网络逼他上学，只会让情况更加复杂。

我曾经帮助过一个类似的个案，孩子沉迷于电子游戏，不肯上学，成绩一塌糊涂，父亲怎么打骂都没有效果，后来我觉察到孩子可能有学习障碍，经医生诊断后确定有学习障碍。于是，我建议父亲引导孩子往另一个方向发展，不要在乎成绩，果然孩子不再沉迷于电子游戏，也找到了自己的兴趣所在。

设立界限时，一定要让上瘾者知道你是在帮助他，而不是在找碴。对于药物滥用者也是一样，先要弄清楚他是否上瘾，以及毒品的来源、种类、使用时间等。再借助辅导者提出解决方案，而不是贸然将他扫地出门或任意动用警察。必须让他知道你这样做是出于爱，是为了挽救他，这样才会带来真心的悔改。

当上瘾者犯罪入狱，并在这期间清醒过来，家属更要好好修护彼此的关系，同时认真思考上瘾者出狱后的人生道路。而我所看到的很多情形却刚好相反，上瘾者头脑不清醒时，家长拼命地苦苦哀求，用尽一切办法，但当上瘾者进了监狱或进了戒毒所，头脑清醒了，家长却置之不理。在美国有的孩子进了戒毒所，母亲立刻去旅游，当孩子违反规定必须离开时，想要通知母亲协助处理却找不到人，这样的康复效果怎么会好？

"谷底"其实可以被安排，"康复"也可以遵循一定的策略。通过协谈和持续的帮助，有机会让上瘾者的灵魂苏醒，进入戒瘾的阶段。关键在于家人能否坚持到底，以及是否有榜样可资借鉴。

在上瘾者康复之前，其家人必须要行在光明中，这里的光明有两层含义：

第一，不能容忍"罪错"进入家中。无论如何不能容忍上瘾者在家吸毒或看色情网站，因为那会伤害其他无辜的家人，哪怕上瘾者因此离家出走，甚至被逮捕也在所不惜。

第二，家人应经常自省，审查自己的错误行为并改正。有位单亲妈妈每天为女儿夜归担心不已，但自己却经常上交友网站和不明人士交往，直到我点醒她这么做是不对的，会给孩子树立不好的榜样，这位母亲才幡然醒悟，为了女儿戒掉上网交友的习惯。

多年前我在美国时，一个朋友为了帮儿子戒毒，竟戒掉了多年的咖啡及肉食习惯，坚持不允许吸毒的孩子进家门，奇妙的是有一天孩子竟然向母亲表示真心要戒，愿意回家接受母亲的检验及任何要求。

有位母亲知道家里经济状况不好，非常节俭，几乎从来不给孩子零用钱，但是当她发现孩子竟有钱买摩托车时，却充耳不闻，不去责问，认为反正只要不花家里的钱都无所谓，连孩子贩卖毒品、盗卖朋友的计算机和乐器也不追究。也有人赌博是为了赚钱养家，赢钱买礼物送父母,输钱了却让父母还赌债。这些都不是行在光明中。家属一定要行在光明中,不允许任何罪恶进入家中。只有如此,才会迎来真正的改变。

思考与讨论:

◎现代社会中,"在家的浪子"杀伤力更强大,家人树立哪些界限可以避免浪子在家挥霍无度?

◎对上瘾者的家人而言,请举例什么是"放弃",什么是"放手"?二者有何差别?

◎如何避免只是让上瘾者"难过"而没有"改过"?二者的差别在哪里?

◎就上瘾者的家属而言,"行在光明中"的意义是什么?

第七章
协谈技巧与外力介入

许多辅导者会发现，对一些上瘾者来说，"谷底"永远不会出现，就算将他推到绝境，还是无法让他醒悟。我们不能等着看他毁灭自己或别人，才开始去拯救。这时候，就需要协谈。

协谈的目的是"拯救与挽回"，而不是"清算罪恶"。

协谈的步骤应该是：在他独处且头脑清醒时，单独找他协谈；如果不听，就再找几位朋友一起谈；如果再不听，就找权威人士组成劝诫团；到最后若还是不听，就让这个人面对世界的残酷，也就是面对上瘾的结果。

❤ 协谈前的准备

绝对不要用愤怒或定罪的态度面对上瘾者，这样只会让他们逃避问题、逃避愤怒的你。要让他们知道你是为他们好，也就是"用爱心说诚实话"。

我曾经试着规劝一位染毒的艾滋病毒携带者到相关的戒毒所，

但是无论如何他都坚持不去。最后实在没办法了，我只有告诉他："答应我先去看看，如果你不喜欢就暂时住我家，直到我回美国，你这样在外面很让我担心。"当时的他因为检查出罹患艾滋病，被另外一个戒毒所赶出来，无处可去。他被我感动，最后真的就住进了我推荐的戒毒所，暂时解决了一场危机，同时和我保持着相当不错的关系。

当上瘾者清醒时，你的爱心他是能感受到的。我看过许多迷途的青少年因为有爱心人士的陪伴和理解，最终产生向上的力量。很可惜的是，不少家长在面对自己的孩子时，却无法"用爱心说诚实话"。

协谈之前的准备就好像演员上舞台前，必须要先搭好舞台、架好音响、布置灯光，这样的协谈才会有效。当你和上瘾者进行协谈时，必须先做好如下准备。

1. 确定他是清醒的

不能在对方玩电子游戏时进行劝诫，正如和一个醉醺醺的人谈戒酒是无效的，一定要在他清醒并愿意和你谈的时候进行协谈。这就是难点，我认为把握清醒的时机很重要，问题在于：他什么时候是清醒的？我认为，当他闯祸之后，协谈的效果最好。

有的家长也许会问：如果没有闯祸该怎么办？这时应该耐心等待、观察。他的错迟早会显露出来，这时我们就有机会挽回。但是闯祸时最好不要进行面质，除非你有把握能够冷静处理。最好能够事先约定协谈的时间，让他们有心理准备。

2. 省察自己

家属应该反思，自己是否也有上瘾的习性？是否也被某种事物捆绑？上瘾者远比一般人更容易定别人的罪（应该说是怪罪），因此家属一定要做好榜样,这是很不容易的。抽烟的父亲是很难帮助吸毒的孩子的,当他看见你抽烟,很容易引发他对毒品的渴望。家属如果有任何形式的上瘾,就很难说服别人戒瘾。

任何想要挽回上瘾者的人,都必须付出代价,这里所谓的"代价"可能是耗费大量时间,也可能是改变自己的习惯。

3. 同理心

要用"如果自己也是上瘾者"的心态去面对上瘾者,没有同理心的人很难真正理解上瘾者,会让上瘾者认为你和他不是同一类人,他的处境和你不一样。同理心不是同情心,同情会让上瘾者产生更强烈的自卑,觉得自己做不到。而同理心则会让他产生共鸣。

如何让上瘾者产生共鸣?有一种心态可以帮助你,就是"我也一样。我和你一样有许多挣扎"等,让他知道你也很辛苦、很想努力,但却有做不到的时候,并友善地提出建议:"对这件事,让我们一起来想办法好吗?"前文提及的案例中,孩子吸毒和母亲戒掉喝咖啡似乎没有关联,但那位母亲认为这样可以帮助她理解孩子戒瘾的不容易,而产生同理心。

家属要和上瘾者站在同一阵线,这个阵线不是赞同上瘾者的行为,而是一起面对"瘾"。

4. 确定没有其他医学问题

有些人是因为躁郁症、学习障碍、多动症等而产生药物滥用的症状,而不是上瘾,此时需要医疗系统的介入诊断。但值得思考的是,许多药物滥用者是因为吸食毒品而引发精神疾病的。

近几年一些精神病院出现大量年轻人入院的现象,主要原因就是吸食过多的毒品损害了脑部,造成了精神疾病,以致无法正常生活。更有不少年轻人以精神障碍为由,如难以入睡、注意力无法集中等，请医生开处方药替代毒品。在美国每年死于处方药过量的人比吸食毒品过量的人还要多。美国的许多年轻人用大麻来治疗失眠、沮丧，结果导致大麻上瘾，当毒瘾越来越大，大麻无法满足时，就很容易发展到海洛因。

如何判断对方是精神问题还是药物滥用？厘清的方式有如下几种。

"没有使用毒品之前的状况是否正常？"例如一个孩子从小就有"双相情感障碍"（bipolar disorder），但是家长不清楚，只是觉得孩子情绪起伏很大，经常惹是生非，加上使用大麻，三天两头跑警察局，后来才明白原来是"双相情感障碍"，只要用药物控制就可正常生活，就如同高血压患者一样。又如前述有学习障碍的孩子从小功课就很差，但这不是网络游戏引起的。如果从小就有状况，就有可能是医学的问题，需要和医生一起合作。

不要期待一次协谈就可以改变上瘾者的一生。需要循序渐进，一步一步厘清上瘾的真正问题。成功的协谈能够帮助上瘾者认清问题、产生自觉，而不是教条式地说服上瘾者进入某个计划或对他进行训诫。

许多家长认为只要逼得孩子无路可走，孩子就会屈服。然而，孩子勉强进入戒毒村，不见得会产生悔改的意愿，他会认为是倒霉、惩罚，而不会发自内心地想要改变。通过协谈，上瘾者可以认清问题，并且了解上瘾的后果。若要产生行动力，则必须循序渐进。

协谈不是唠叨、训诫。唠叨、训诫是单向的，而协谈是互动的、双向的。协谈鼓励对方进行说明或者回应，而唠叨、训诫不是。许多家属只关注表面的问题，如喝酒、闹事、吸毒等，但却不处理内在的问题，如寂寞、无聊、自卑、不会拒绝、人际关系紧张、被霸凌等。内在问题无法单方厘清，必须要透过双向沟通才会产生效果。

此外，还有一个重点：协谈不要用QQ、微信或信件。因为那是单向的而不是双向的沟通。许多家长害怕与孩子面对面，于是采用QQ或微信联系孩子，表面上好像是在沟通，事实上他们根本没有看你的文字，你也看不到对方的反应，坦白说那只是自我安慰。

协谈的原则与技巧可概括为四个步骤：用爱心、说诚实话、尊重（对方的）选择、实现后果。

1. 用爱心：我和你站在同一战线

对一些家属而言，传达爱是非常困难的。如果没有清楚地表达"我爱你，我关心你，我不愿看到你受到伤害，我这样做不是为了惩罚你而是为了你好"等，上瘾者会认为你是站在他的对立面，一切行为都是为了你自己，结果会让他更想逃离。

例如，他的上瘾状况非常严重，你想请他离开家或者进入戒毒所开始长期的戒治，但是你嘴上却说："你把我搞得快疯了，整个家都被你毁了，你一定要离开家到戒毒所去！"这样一来，非但没有让他感受到你的爱及关心，反而会使他认为你很自私，你只是想解决自己的问题——快疯了、家毁了，而不关心他的问题——寂寞、失业、被捕、欠债……

关心和爱意会帮助上瘾者将问题指向自己，而不是指向他们眼中控制过度、愤怒的家人。协谈或许可以这么开始："你这样下去也不是办法，我想和你谈一些计划，希望能帮助你解决你所面临的问题，我这样做是因为我关心你，为你着想，你还年轻，未来的路还很长……"

虽然你不会立刻感受到上瘾者的善意，但最起码他不会怪你不关心他。"用爱心"的意思就是和他站在同一战线，因为爱的缘故和他一起想办法对抗成瘾。

爱心不是口号。现代年轻人听惯了口号和说教，他们更看重的是态度和行动。有位母亲每天在网上发信息给年约40岁的孩子，告诉他母亲有多爱他，希望他变好，却从不去探望儿子。当儿子因为吸毒丢了工作，母亲只是发短信，没有面对面拥抱。母亲说："我就是故意不理他，因为他吸毒。"正确的做法应该是"给爱不给钱"。"用爱心"而不是"说爱心"，爱心是行动，然后才是"说诚实话"。

2. 说诚实话：你这样做会有什么结果

只有爱心不会带来改变，必须要加上真理，也就是说诚实话。明确地指出什么是该做的，什么是应该避免的。这样做的好处是让他清楚地知道界限在哪里，当他越过界限时，不是你的错而是他的错。真理使人得自由，这真理就是界限。

一般来讲，孩子越不成熟，界限就越要说得清楚，不要含糊。当孩子还小的时候，父母比较容易设立界限，但到了青少年时期就比较困难。不能为了讨好上瘾者或担心制造冲突而不愿说实话。

正确的说法例如"妈妈关心你、爱你，但是我们家绝对不允许毒品进来，这点是不能有任何妥协的。不管大麻是否合法化，或是你有同学也在用，但因为你住在我们家就必须遵守家规，如果你不遵守家规就必须⋯⋯""我知道你爱孩子，但是酗酒会毁掉我们辛苦建立的家，同时无形中也会伤害孩子，如果你继续这样，为了保护这个家，我会⋯⋯"

说诚实话的时候千万不要带着怒气，不要被对方激怒，因为那样会说不清楚。这就是为什么要先将爱心放在前面。先"用爱心"然后再"说诚实话",比较容易被人接受。

3. 尊重(对方的)选择:你可以自己决定怎么做

许多家属可以接受用爱心、说诚实话,但是却无法接受让上瘾者自己选择,他们共同的难题就是"他们如果做出不好的选择怎么办"。

我们可以限制他们的行为,但是我们无法改变他们的思想。他们必须从错误中成长和学习,因为总有一天他们会离开我们,因此我们必须让他们自由选择。

上瘾是从选择开始的,治疗上瘾也一样。例如:

父母:"你上网玩游戏已经耽误学习,如果你继续下去,我会拿回我给你的计算机。"

孩子:"那我要用电脑做作业怎么办?"

父母:"你可以上图书馆。"

孩子:"那样会很不方便。"

父母:"如果你想要方便就必须学会自我控制,从今天开始……"

自由选择如果威胁到生命或马上有危险,就必须要采取干预手段,甚至必须要采用坐牢、住院或在家治疗等强制干预手段,毕竟保留生命比任何事情都重要,只要活着就有希望。你不能够让他们选择吸毒吸到死,或者酒驾伤害到无辜的人,而不去强制干预。

任何上瘾的背后都是"我要……我还要……"。让上瘾者自由选择不是放任,而是让他们尝到"错误选择"的苦果,这样才有回头的机会。

4. 实现后果：行得出来才叫"后果"

一旦他做了决定，就必须接受这个选择带来的后果。每一个人都必须学习接受自己选择的结果，因为当初种下的是什么，收获的也就是什么。干预不仅是口头警告，更要有实际行动。大部分家长只是不断地口头警告、威胁，但却做不到，无法付诸行动。

一些家属明知有人在家吸毒，却不敢将上瘾者赶出去。上瘾者清楚界限却刻意破坏，为什么？因为他们知道家属没有勇气实现结果，他们只要暂避风头就好。例如：有些父母动不动就请孩子离开家，晚上赶他出去，半夜就急着找他回家。或者产生暴力请警察处理，但不到24小时就将他保释出来。这样的结果是，他们不但没有得到教训，而且把家长的管教不当回事。

因此在设立结果之前，必须先衡量自己是否做得到。不可能实现的结果就不要设立。上瘾者不断地探测家属的底线，无法兑现结果，只会让他们越来越没有界限。

"实现结果"的原则就是"拿掉他喜欢的，增加他不喜欢的"。例如，酗酒的父亲如果喜欢和孩子在一起，就必须告诉他：你如果喝酒就不可以和孩子见面，那会很危险。但是如果他不喜欢和孩子在一起，这个结果就没有效用。又如，孩子因为上网玩游戏而学习退步，而你完成前面说的三个步骤后，就可以拿掉他喜欢的（网络游戏），增加他不喜欢的（做家务）。

用爱心、说诚实话、尊重选择、实现后果是协谈的四个必要步骤。不少家长或辅导者没有经过"爱的行动"就直接说诚实话，容易造成对立，上瘾者即使碍于家长的权威暂时屈服，但内心却不以为然。同样，如果没有"尊重选择"就直接"实现后果"，会让对方觉得被控制。

如果没有机会按照四个步骤逐步进行，也不用泄气，因为协谈通常不会一次就成功。如果只是单向会谈而没有倾听，效果也是有限的。青少年（特别是男孩子）不善表达，有时会用愤怒的情绪进行表达。通常他们的愤怒不见得是针对协谈者，而是对自己生气。

如果气氛很差，通常我会建议用问句作为协谈的结束。例如："可以说说你的想法吗？你认为呢？"对方如果保持沉默，可能正在思考，这时可以这么说："你不用立刻给我答案，你自己好好想想，明天再说……"给对方思考的空间。

协谈者的三种性格类型

什么样的人适合与上瘾者协谈？协谈者通常可分为三种类型：懦弱型、坚定型、控制型。其中，懦弱型和控制型的辅导者都不适合与上瘾者协谈，最容易协谈成功的是坚定型的辅导者。以下简单介绍这三种性格的特质。

1. 懦弱型

◇害怕表达自己的情绪：不敢说自己的情绪是因为担心破坏关系或让对方生气。

◇不断地向对方道歉：都是我的错，我该死。

◇假装没看见：一切都很好啊！

2. 控制型

◇经常说服别人同意自己的看法。

◇大声说话：认为这样才能让别人服气。

◇不会倾听：大部分的时间都是单方在说话，不给对方思考或解释的时间。
◇经常用"你"：喜欢指出别人的错误。
◇爱比较。

3. 坚定型

◇态度友善：出于善意，我这样做是为你好。
◇坚持界限：这样做会产生……的后果。
◇明确地表达自己的看法与感受：你这样做让我很难过。
◇尊重他人。
◇懂得倾听。

上瘾者有"上瘾性格"，协谈者也一样。无论是家长还是辅导者，当你尚未具备"坚定型"的协谈性格时，请不要贸然进入"协谈"，这样很容易落入上瘾者的陷阱。不是他们狡猾，而是魔鬼狡猾。他们总会利用人性的弱点和家属之间的矛盾，找到自己的立足点。

这让我想起曾经辅导过的一个家庭，母亲是典型的懦弱型，很害怕孩子生气，经常向吸毒的孩子承认自己的错误，只要孩子一哭一生气就妥协。而父亲是典型的控制型，从来不听任何解释，脾气暴躁，认为妻子过度宠爱孩子。孩子就学会了在父母极端不同的态度中寻找自己的"立足点"。

一些家庭中，孩子吸毒闹事成为父母婚姻破裂的导火线，在这种情况下，家长必须向中间靠拢，心平气和、坚持到底。

案例

秀琴是小学音乐老师，她如愿以偿地嫁给了高大英俊的汉生。

汉生具有典型的控制型性格特征，这样的性格经常引起同事的不满，同事们私下给汉生取了个外号"叫我第一名"，意思就是什么都是"他最棒"。不少同事向好脾气的秀琴反映，得到的答案几乎都是"他没有错，都是你们的问题"。

汉生的控制型性格特征并没有因为秀琴的软弱而改变，反而变本加厉，经常在言语上霸凌秀琴，认为秀琴配不上他，如果不是因为秀琴，他早就是大领导了。秀琴为了维护他的形象只能隐忍。

更糟糕的是，汉生经常在其他女性的面前抱怨秀琴，也经常和单身女性出游，后来汉生外遇被同事发现。由于单位的其他人对汉生的控制型性格已经相当不满，因此趁机将他解聘。即使如此，秀琴也认为都是别人勾引他的，选择继续相信汉生，并认为汉生外遇她自己也有错。

案例中的秀琴和汉生分别是拥有懦弱型和控制型性格特征的代表，这两种类型的共同特征就是不会倾听，更不会产生同理心。事实上，他们自己更需要婚姻辅导，但碍于身份地位他们不会对外求助，只能不断地让自己也让别人受伤。

无论你是辅导者还是家长，都必须检视自己是否拥有坚定型性格的特质，这样的特质不仅适用于辅导上瘾者，也适用于处理任何冲突事件。

在上瘾者神志清醒的前提下，协谈过后制订契约是不错的方法。所谓契约必须经过双方同意，同时针对上瘾者量身制订。如果孩子因为打游戏而成绩退步，那么契约就应该以必须提高成绩为主要内容。如果是因为染毒，就应该围绕"有可能引起毒品的因素"建立"保护墙"的概念，类似金钱控制、禁足等，目的是避免上瘾者落入更深的陷阱。

制订契约之前，先要表明立场。例如："我关心你，一再给你机会。但是你已经是成年人，必须做出决定，如果你选择继续使用毒品（或看色情网站、赌博、酗酒），你就必须离开家，因为毒品（或看色情网站、赌博、酗酒）就是罪恶，我们家不允许罪恶存在。如果你选择留在家中，成为家中的一分子，那么你就必须遵守家里的规定，并且遵守契约，这是为你好，也是为了全家人的安全着想。请你好好考虑，尽快告诉我答案。"

同时，契约还应遵循以下原则：

第一，契约必须是对方可以做到的。（如果孩子成绩是C，契约最好不要定A。）

第二，契约一定要有奖励和惩罚。

第三，契约必须要可以评估。

第四，契约需双方签字。

以下表3和表4是建议模板（仅供参考，依照上瘾的程度、状况不同，可以修改或增删）。这里再次提醒：制订契约必须经过双方同意，同时必须是协谈的最后一个步骤。除非对方有悔过之意，否则不要贸然制订契约。签订契约时也要表明是为了对方好，让他借着契约的约束力尽量保持正常生活。

表3　限制网络契约书

感谢爸妈买计算机、手机给我，并且帮我付网费。
☐我同意每天使用网络_____小时（从_____点到_____点），假日_____小时（从_____点到_____点），时间到了就离开网络。
☐我同意将我的房间整理好，衣服不会放在地上。
☐吃饭、睡觉的时候不看手机，睡觉时同意将手机放在客厅充电。
☐我同意在房间里上网时不会关上房门，或者将计算机放在客厅。
☐在假日时会参加户外运动至少2小时。
☐当成绩大幅退步时，我愿意自动放弃上网一星期。
若违反以上规定，愿意自动将计算机、手机等相关物品交给爸妈保管一个月。

立合约人：_____　日期：_____　地点：_____

表4　戒毒契约书

感谢_____愿意收留我，暂住在家中。本人愿意遵守以下规定，若有违反则无条件愿意进入_____隔离戒毒。
☐不再说谎。
☐愿意将所有金钱，包括工作所得交给_____暂时保管，以免受诱惑。
☐每天早上_____点以前起床，和_____读书30分钟。
☐愿意接受辅导，同时参加相关课程，提醒我免入迷惑。
☐每天晚上_____点上床，无论是否有睡意。
☐每天进行体育锻炼1小时以上。
☐到_____学习一技之长（或报名参加技职训练/回到学校）。
☐不玩网络游戏或上色情网站。
☐不再使用任何毒品、药物、酒类。
☐同时愿意接受不定期的验毒，一旦被发现呈阳性则立刻搬离家，并且报警处理。

立合约人：_____　日期：_____
地点：_____　见证人：_____

根据我的经验，制订契约是否有效，有赖于另一方是否坚持，以及如果对方不遵守，契约是否还可以被有效执行。制订契约有一个好处，就是他如果再犯就不是你的问题，而是他自己没有遵守他所签订的契约，这样他就不太会怪罪到别人身上，对将来的康复也会有帮助。

当制订契约后而双方有一方毁约怎么办？此时最好寻求第三者的介入。上瘾者的亲属，由于情感的因素，容易受到情绪的干扰，此时最好有外人的介入。家属无法单独执行契约时，一定要有他人的协助。而这个第三者必须符合以下三个条件：

第一，有爱心。能够理解你所受的苦，愿意帮助你。

第二，有权威。能够让对方信服的人，必须是他尊敬的人。可以是老师、辅导员、警察，甚至是过来人。

第三，了解状况。在寻求外力帮助时，必须要有"会前会"，提供充足的信息让外人了解目前的现况，比如上瘾到何种程度，是否有法律问题，协谈的目标等。同时要等待适当时机，而这个时机必须是家属要准备好让上瘾者接受结果的时候。外人协谈的结果需要家属配合付诸行动，但如果家属心软舍不得孩子"吃苦"，就会造成许多麻烦。

戒瘾辅导团最好不要由亲戚或长辈构成，因为这些人容易引发另一个问题——责怪，这会让求助者更加受伤（这也是我个人的经历）。在外人介入之前，最好自己先按照前述的协谈技巧与原则进行劝诫，如果无效，再寻求他人的帮助。

通常，过来人的协谈效果最好。他们当初是如何脱离上瘾的捆绑，这样的亲身经历非常具有说服力。因为他们能理解在这一过程中的挣扎，有同理心。我常听人说："要赢得这个时代。"我认为"赢得这个时代"的前提是必须接纳，甚至争取让更多的过来人来从事相关工作。

无论何时都要欢迎并且邀请上瘾者或有上瘾经验的人参加，这些人会成为上瘾者家属的最佳后盾。

关于警察权

不要轻易动用警察权。当家中有人上瘾，能够做的就是让他自己接受上瘾的苦果，而不是其他家人带来的苦果。

任意动用警察权，只会让上瘾者痛恨，却很难产生真实的悔改。对于网络成瘾、色情成瘾、药物滥用的人，前文提供了一些方法，关键在于是否确实一步一步执行。许多家属做不到设立界限，贸然借助别人的力量，如警察，想要让上瘾者一夕之间改变，事实上只会让事情变得更难处理。有的家长会用言语激怒孩子，也只是徒劳无功。因为上瘾的人实在太多了，如果没有发生暴力或破坏，警方很难将上瘾者立即隔离。

如果上瘾者没有暴力行为，在和平的气氛下邀请警察"规劝"而不是逮捕，或许会更有效果。如果只是吸毒而无暴力，充其量只会被带到警局检验，然后等待法院通知，然而这段等待的时间对家属而言更加煎熬。如果万不得已必须动用警察，最好不要在狂怒、慌乱之下叫警察，要和专业的辅导者商量之后再决定。

但是有一种情况下必须动用警察权来保护自己，那就是威胁到你或他人的安全，或者上瘾者有生命危险。有些毒品如冰毒、酗酒，会带来暴力，威胁人身安全，这时就必须报警，由警察强制送医，当他们到了医院暂时脱离毒瘾，头脑清醒之后，就必须说服他们到长期的勒戒机构，因为上瘾不只是生理疾病，也是一种错误的生活习惯，只靠短期的医院治疗效果十分有限。

必须要借助长期的隔离，培养良好的生活习惯，更重要的是帮助他们树立正确的信仰，让他们心里有力量去对抗"瘾"的捆绑。

案例 ✿

家住美国的张先生是一位高中教师，经常指导学生申请大学，偏偏他的儿子不但成绩不佳，经常逃课，半夜参加派对，酗酒夜归，还染上抽大麻的坏习惯。身为教师的张先生担心别人会用异样的眼光看他："你自己的儿子都教不好，还想来教我们的孩子？"于是选择了隐忍，也因此和张太太产生了极大的冲突，张太太因无法容忍张先生的不作为，气得跑回了娘家。

后来，儿子在超市偷酒被逮捕，法官谕令保护管束，使得张先生不得不面对这个问题。然而儿子并没有得到教训，继续在家抽大麻，并且有暴力倾向，张先生担心儿子无法高中毕业，只能忍气吞声，假装没看到。直到有一天张先生被儿子拳打脚踢，害怕到不敢回家，只能借宿在朋友家，才让事情曝光。

朋友认为这样下去不是办法，建议张先生报警处理，最起码给儿子一点教训。在万不得已的情况下，张先生只能向警方报案。携带大麻在美国的惩罚不重，但由于有偷窃的前科，法院裁定拘役四十五天，易科罚金五千美元。（易科罚金，是指被判处短期自由刑的犯罪分子，符合刑法规定条件，准以罚金替代自由刑执行，折抵的罚金完纳后，原判自由刑就认为已经执行的制度。）

朋友劝张先生让孩子在拘留所好好反省，没想到张先生立刻将孩子保释。张先生的理由是担心误了学习。结果儿子出狱后变本加厉,开始卖起大麻。

类似上述的个案不胜枚举,家长报警却无效,其原因就是家长太冲动,没有准备好让上瘾者接受结果。

思考与讨论:

◎ 协谈之前一定要准备,请试着举例说明没有准备的协谈会产生什么样的后果。

◎ 请比较同理心和同情心的不同。两者分别会造成什么结果?

◎ 对你而言,协谈四步骤最难做到的是哪一步?为什么?

◎ 你是属于哪一类型的协谈者?如何向"坚定型"靠拢?

◎ 你认为制订契约最大的困难是什么?如何避免?

◎ 治疗上瘾为何要寻求外力?家属自行处理会有什么样的后果?什么情况下才能动用警察权?

第三部
Part 3

上瘾的治疗

当我们学会如何开船,就不会害怕海上的风暴!

——路易莎·奥尔科特(Louisa Alcott)

第八章
"瘾"戒得掉吗?

> 不害怕失去所拥有的生命,将会获得更伟大的生命。
> ——托马斯·沃尔夫(Thomas Wolfe)

"上医治未病",对上瘾者而言预防绝对胜于治疗。事实上,当刚开始接触毒品、网络游戏、色情时就被断绝,一般不易产生"断戒"的生理不适。如果在初期没被发现,没有经历上瘾带来的痛苦,会促使他们最终沉溺其中,这时就比较难处理了。这就是我主张开放毒品检测剂给一般家庭使用,让家长在青少年刚开始使用毒品时能够立刻阻止的原因。科学证明,任何的上瘾,甚至网络游戏及色情都会使大脑发生改变。重建大脑功能非常困难,重建的时间也和上瘾的时间、次数有关,需要经历漫长的过程。因此宁可在尚未上瘾之前反应过度,也不要等到无法收拾时再来矫治。

为什么有些人容易上瘾,有些人不容易?这个问题非常复杂,总体而言和个性、家庭环境、成长等因素有关。近年来随着社会整体大环境的改变,上瘾人数急速增加,许多新型毒品出现、大量网络游戏充斥,让治疗更加困难,上瘾问题在美国的许多家庭普遍存在。

虽然科学证明使用毒品、观看色情图像会对大脑产生破坏，但是也证明长期远离上瘾源有机会让大脑复原。这就是为什么长期隔离治疗远比短期的有效。我不是否定医疗对上瘾的功效，医疗系统可以帮助上瘾者暂时离开毒品，但是却无法让上瘾者产生"对抗毒品的能力"。需要家庭、社会、辅导等各方面的配合，才有可能让上瘾者恢复正常生活。

当我们治疗上瘾时，经常会遇见以下问题：

1. 断瘾可以成功吗？

是的。上瘾是可以被治疗的疾病。通过暂时隔离、替代方案、关怀、学习自我控制，上瘾是可以被治愈的，最终目的是让上瘾者回到社会正常生活。

2. 上瘾可以完全根除吗？

不能。就像其他慢性疾病如心脏病、高血压、糖尿病一样，必须依靠自我控制才能达到正常生活的目标。

3. 复发代表戒瘾失败？

不是。任何疾病都会复发，事实上戒瘾的复发率（断戒一年后再度使用）比其他慢性疾病还低。戒瘾必须改变内心思想及行为习惯，有时候甚至要经过复发才能发现根本的问题。就好像高血压、糖尿病患者必须要改变生活习惯，每天按时服药一样。

不要幻想上瘾可以一次戒掉，在医院里就医会立即改变，或许有可能，但是我们不能怀有这种侥幸心理，就好像高血压患者在医院里觉得已被医治，于是不再服用降血压的药物，这会带来极大的风险。

我们必须要接受这是一条漫长的道路，必须经过断戒、复发、再断戒的反复过程，在过程中慢慢寻找到上瘾的根源，然后逐一应对，才能走向真正的康复。

这就是为什么我一再强调上瘾者亲属态度的重要性。亲属必须先断绝与上瘾者的依附关系，成为健康、独立的个体，不向魔鬼妥协，认清只有依靠自己的坚持才能带来改变。如此才能在真正有效的陪伴下，帮助上瘾者拒绝诱惑。

活动治疗法

对青少年而言，说教、开导的效果非常有限，借由"活动"让他们产生自觉是比较有效的治疗方法，而不是借助药物或心理咨询。所谓"活动治疗法"就是让他们参加特定的活动，在活动中克服种种障碍，经历挫折，并且有辅导员始终陪伴，这种方式被证明能够有效帮助青少年脱离药物或网络上瘾。

近年来台湾地区一群有爱心的退休教师，带领青少年登山露营或骑车环岛，进行"活动治疗"，帮助青少年在活动过程中克服种种障碍，逐渐改变价值观。由于青少年产生自省自觉比较困难，因此活动治疗的效果远比心理咨询要好得多。例如，在台湾花莲由黄明镇带领的信望爱学园，鼓励青少年学习独轮车，经过不断的跌倒、爬起，帮助青少年勇敢面对挫折。

许多辅导会在寒暑假举办营会，借助许多团体康健活动，让迷途的青少年重新认识自己，塑造安全的友谊环境，营会结束后也有跟进聚会，都是非常好的活动治疗法。这些青少年的治疗活动不是说教，而是让青少年学会面对失败，并且重新站起来。

当他们骑车环岛、登山健行时必须要克服气候、环境的障碍，受伤时要克服身体的障碍，和队员相处时要克服人际的障碍，这些都是在家或学校学不到却非常重要的，青少年躲进药物滥用或网络游戏中，其中最重要的原因就是逃避，而活动治疗可以帮助青少年面对真实的世界。

当他们重新站立起来时，旁边有辅导员为他们加油，帮助他们建立自信心。当青少年接受上述的活动治疗后，回到家中，面对充满诱惑的环境，更需要家长在一旁鼓励，同时改变与孩子的互动方式，与辅导员保持联系，才能帮助孩子持续前进。这也是本书的目的。

我曾经问从事活动治疗的退休教师，既然青少年的"活动治疗"效果卓越，是否有机会推广？他叹了口气说："我们都要被逐出校园了，怎么办活动？缺乏愿意付代价的人手，只能依靠爱心人士的付出。"如果能够善用人力资源，让有体力、有经验的教师或辅导老师带领行为偏差或药物滥用的青少年从事活动治疗，同时针对家属进行辅导咨询，相信会改善目前青少年药物滥用的状况。

如同高血压患者需要长期监控自己的血压，戒瘾也是一样。戒瘾方法因个案的家庭、年龄、种类等有所不同。如果有读者问我"需要多久才戒得掉呢？"我会回答："戒瘾需要一辈子警戒，才有可能戒得掉，当你认为自己一定戒得掉时，那么你有可能戒不掉。"

思考与讨论：

◎"瘾"戒得掉吗？如果戒得掉，需要什么条件？

◎青少年很难用讲理的方式劝诫，请举例说明哪些活动可以训练他们产生抗压的能力，并发展新的朋友圈？

第九章
"瘾"无法根除，只能"替代"

"瘾"无法根除，只能"替代"，就是用"义的"代替"不义的"。

经常有家长问我：孩子手机或网络上瘾该怎么办？而我总是会反问："不打电子游戏时，你要他做什么？"通常家长总是哑口无言。餐桌上，当孩子不玩手机时，你要和他说些什么？如果孩子不打电子游戏，你愿意花时间陪伴他们吗？如果不酗酒，可以找到另外的放松方法吗？许多人上瘾是因为无聊、寂寞，戒瘾后心中留下的空白，让他们感到茫然不知所措。因为上瘾无法根除，只能替代。

换言之，必须要用一种"有益的习惯"代替原本"有害的瘾"，这样的模式不仅能够帮助自己，也能够帮助他人脱离"瘾"的控制。

另外，具有成瘾性但却无害的运动，也是非常好的替代品。激烈而有规律的运动不但能够排解压力，养成习惯后还可以成为"瘾"的替代品。许多药物滥用的孩子，原本就有多动症的倾向，心情经常莫名的烦躁，加上受朋友引诱染上毒品，经常打架闹事，给家人造成很大的困扰，但是如果用运动引导，再加上心理辅导，不但有助于舒缓他们不安的情绪，同时对健康也有帮助。

药物滥用、网络及赌博等上瘾者，大多数具备所谓的"上瘾性格"，并逐渐成为习惯，一时很难改变，当"瘾"被挪去，他们心中会产生很大的空虚感，这时必须要有其他的替代品。

例如，海洛因的断戒十分痛苦，采用美沙酮可以舒缓断戒痛苦，因此后者成为海洛因的替代品，可大幅降低海洛因的使用概率。虽然美沙酮在台湾被归为二级毒品，但如果能够逐步递减用量，确实是不错的疗法。在美国有位海洛因成瘾者，采用美沙酮替代疗法，在半年之内逐步递减用量，加上母亲的鼓励，最终恢复正常生活，不再使用任何毒品。

但是，如果上瘾者没有戒瘾意愿，同时使用美沙酮和海洛因，极有可能产生药物冲击而导致死亡，因此要评估上瘾者的状况，制订适用的计划。绝大多数的毒瘾，包括海洛因上瘾，都是心理的问题，想要长期脱离毒品，就必须拥有生活目标及动力，以填满原本空虚的心灵。

如果上瘾者还留恋瘾头，任何替代品都是无效的，他必须有悔改、有醒悟，加上行动。如果没有找到正确的"偶像"（毒品）替代品，没有找到人生方向及建立良好生活习惯，戒毒所只是暂时让家人得到喘息的机会，一旦遇到诱惑，缺乏长期监督的环境，非常容易又回去了。

有一个比喻将这样的概念表达得非常清楚："污鬼离了人身，就在无水之地寻求安歇之处，却寻不着，于是说：'我要回到我出来的屋里去。'到了屋前，看见里面空了出来，已经打扫干净并装饰好了，便又去带了七个比自己更恶的鬼来，都进去住在那里。那人之后的景况比先前更不好了。"如果用"污鬼"来代表毒品、"屋里"代表人的心里，这段话的意思就是即便戒了毒，心里那块毒品留下的空处仍然存在，需要用正面的力量充实起来，否则将会更加沉沦。戒毒的理念就是用正确的人生观填补这块空处。当然"污鬼"也可以代表赌博、酗酒、色情、网络游戏等任何瘾。

上瘾者由于多年来沉溺在虚幻的世界中，没有学习到生活的技能，最大的问题在于没有自信，然而没有工作的实力谈何自信？而累积实力、培养自信的最好的方法就是工作。多年前我应邀到台湾桃园市去演讲，我问第一线的工作人员："你认为防止上瘾者再犯最有效的方法是什么？"她告诉我两个字："工作。"

绝大多数从监狱或戒毒所出来的戒毒者通常没有一技之长，又被家人唾弃，很难找到工作，但是"工作"确实能够代替他们长期仰赖的毒品，同时带来成就感，是不错的治疗方法。

台湾法务部门最近正在研究，让表现良好即将假释出狱的人能够在白天进入职场"以工代狱"，晚上再回到狱中，让这些长期被隔离的人提早适应社会，但是同时又有监控的环境。这是不错的办法，也是我一向主张的"放出来的政策，比关起来更重要"。管理部门也可以制定奖励办法，让愿意提供工作机会的经营者能够帮助这些愿意向上并且戒毒成功的人，让他们借着工作学习技能及带来的成就感，彻底脱离毒品，迈向新的人生。

上瘾的不良替代品有药物、酗酒、色情、电玩、赌博、暴饮暴食、偷窃等。上瘾的可接受替代品有运动、工作、学习等。寻找适合的"上瘾替代品"，重要原则之一就是不能让上瘾者自行寻找，而是必须通过辅导人员及家人帮助他们寻找最合适的替代品。让上瘾者自行寻找替代品会有危险，例如曾经使用毒品的上瘾者最常见的替代品就是赌博，两者都会带来快感和刺激。网络成瘾者也有可能落入毒品的圈套。家属要安排健康的、可接受的替代品，而不是让上瘾者自己去寻找新的刺激。

案例

> 小美曾经是严重的海洛因成瘾者，被逮捕后被送到一家专门收留女性的勒戒医院治疗。初期阶段采用美沙酮替代疗法。在勒戒期间父亲每周都前往探望，并且写信鼓励。医疗人员逐渐减少美沙酮的用量，三个月后小美完全杜绝了任何毒品。
>
> 由于在勒戒所表现良好，小美在卫生所找到约聘雇员的工作，之前因为毒品离开她的男朋友也开始关心她，一年后两人步入婚姻殿堂。目前她已是两个孩子的母亲，经常参加讲座分享自己的经验。

小美的案例告诉我们，工作、亲情、人生方向三者缺一不可。在不同的阶段要有不同的替代品。初期阶段也许是药物或者隔离，接着是工作、运动、生活。当药物或任何上瘾开始戒除时，心中会有极大的空虚感，这种空虚感如果没有被填满，他们很可能会再度落入其他的上瘾陷阱中。

如果家长要求孩子不再沉迷网络游戏，就必须事先安排替代活动，而这个替代活动必须具备"成就感""有兴趣"等特性，而不只是学习、做家务等。否则孩子心中的空虚无法填满，日后孩子离家独自生活，仍然容易再度落入成瘾之中。

思考与讨论：

◎ 寻找上瘾的"替代品"很重要，如果让上瘾者自己去寻找会有什么危险？想象一下如果你是上瘾者，你会期待什么样的"替代品"？

◎ 哪些"替代品"是对戒瘾有帮助，而且会带来快乐及成就感的？

◎ 之所以上瘾，主要的心理原因就是无聊、寂寞、空虚，如果只是断瘾而没有其他替代措施，会产生什么样的问题？

第十章
色情、网络及赌博的戒瘾治疗原则

> 与眼睛立约，封死"罪"的通道，那不是捆绑而是"自由"。
>
> ——鲍勃·佐尔格（Bob Sorge）

行为类上瘾包括网络游戏、色情网站、赌博、性瘾、整形成瘾、购物狂、工作狂等（关于行为类上瘾的定义见《上瘾的真相》）。治疗行为类上瘾最大的困难在于容易取得，毒品还需要用钱买，而许多行为上瘾只要打开计算机或电视就可以轻易满足，甚至不用花钱。上瘾者也认为无伤大雅，不会妨碍日常生活，久而久之伤害到大脑，到了无法自拔，甚至到达失能的地步才真正觉醒。

行为类上瘾很难用监控的方式处理，因为手机、网络无所不在，这是最大的难题。青少年由于处于监护状态，必须依赖家长的供应，比较容易管控，在我前一本著作《上瘾的真相》中详细介绍了关于青少年网络游戏上瘾的治疗。

即便如此，也有家长向我反映："孩子万一不愿意怎么办？"通常我总是会问："你会按照书中的步骤执行吗？"辅导青少年的关键在执行而不是劝告。许多结果都是家长幻想出来的，例如万一孩子离家出走怎么办，万一孩子不愿意怎么办，或者跳过其他步骤直接切断网络，引起极大的纠纷。

本书第七章中提及的协谈的四个步骤也适用于青少年网络上瘾。但是成年人的行为类上瘾必须要靠自己的觉醒，很难被约束，最重要的原因是他们可以养活自己，因此必须通过"上瘾带来的失败"而产生自我觉醒，才有机会戒断成功。

物质类上瘾的危险在于对生理的破坏，进而导致行为偏差、扰乱家庭及社会治安。而行为类上瘾的危险在于对关系的破坏。人类无法独立生活，必须通过与人的互动来得到满足与喜乐，而行为类上瘾如网络游戏、色情网站、赌博等都是虚拟的快感，不但伤害人与人的关系，也伤害人与自然、社会之间的关系。

这类的成瘾容易导致人格分裂、精神疾病、婚姻破裂，长期自我封闭更可能患上抑郁症，甚至走向自我毁灭。本书的聚焦点在于：如果是成年人上瘾该怎么办？如何做到有效的自我控制？

对于任何上瘾，"自我揭露"是治疗的第一步，但是对行为类上瘾而言更加困难，因为很难被发现，但"掩盖的事，没有不露出来的；隐藏的事，没有不被人知道的。因此，你们在暗中所说的，将要在明处被人听见；在内室附耳所说的，将要在房上被人宣扬"。

然而它的伤害绝对不下于毒品，医学证明，长期观看色情网站及网络游戏成瘾者，大脑的某些功能会关闭，它对大脑的伤害不亚于可卡因。就像毒品一样，观看色情网站、网络游戏及赌博都会促使大脑分泌让人感觉快乐的多巴胺，过度刺激就形成上瘾，产生依赖性。长此以往，沉溺时间越来越久，变得无法自拔，断戒时会出现易怒、暴躁、流泪、倦怠等症状。其结果就是真实世界的人、事、物不会引起他们的关心或兴趣，对学习、工作缺乏动力。

行为类上瘾或许不会让你成为"死人"，但却会让你成为"废人"。严重者甚至会引发精神分裂、抑郁症、躁郁症等。然而这仅仅是对生理的影响，对家庭、工作、人际关系、财务的影响更大。

行为类成瘾最重要的关键就是"节制"，节制不是压抑而是"搏斗"。W.保罗曾说："但我觉得肢体中另有个律和我心中的律交战，把我掳去，叫我附从那肢体中犯罪的律。"

保罗用"交战"形容律和罪之间的搏斗。又说："我要严格地对付自己的身体，要完全控制它……"这里所谓的"肢体"指的就是身体的罪，包括眼目的情欲，也就是今天的色情网站。

据统计，色情网站约占全球网站总数的12%，色情网站的资料传送量约占互联网总量的1/3。在美国大约有4000万人有浏览色情网站的习惯，每年耗资高达1000亿美元。七成以上沉溺在色情网站中的人年龄为18岁到24岁，有的人从11岁就开始浏览色情网站。

在当今社会中，色情网络上瘾的隐秘性较高，很难有准确的统计资料。在社交网站上经常会有年轻人私信我询问这方面的解决之道。色情网络上瘾的问题相当严重，其关键在很难被发现。等到配偶求助或被发现时，通常都已严重影响生活作息或产生犯罪行为。网络匿名的特质使得色情画面流传更广，更容易取得。

色情简单来说就是将人当作物品对待，尤其将女性视为发泄性欲的对象。基于生物学驱动的概念，男性寻求刺激性画面的动机远比女性要强烈。对色情网络或刊物上瘾者会产生许多后遗症，如人际关系的障碍、婚姻关系的挫败等。

色情网络上瘾最大的危险就是当寻求的画面不够刺激、无法被满足时，就容易付诸行动，产生性成瘾或性侵。绝大多数的性侵犯都有观看色情网站的习惯，八成以上的罪犯都有严重沉迷于色情网站及刊物的问题。药物滥用者也是如此，他们的动机都是寻求快感和刺激。

如今，大脑尚未发育完全的青少年很容易就接触到裸露病态的画面，提高了他们日后对色情画面上瘾的概率。据统计，沉溺色情画面的人当中，72%产生过自杀的念头，70%在婚姻中出现严重的问题，68%有染上艾滋病及其他性病的危险，58%触犯法律，如性骚扰、非礼及强奸，40%失去伴侣或配偶，27%失业，17%企图自杀。

如果家中有长辈观看色情画面，青少年就比较容易对色情网络上瘾。青少年大脑尚未发育完整，任何上瘾都会伤害到他们的大脑。越刺激的画面越容易停留在他们的记忆里，并且挥之不去。即使到了成年阶段，那样的画面也会在某个时候唤起他们内心的渴慕，同时会产生驱动的欲望。

网络的兴起，让好奇的青少年不费吹灰之力就可以取得这些画面，导致色情网络上瘾者越来越多，因此我建议要将家中的计算机放在公共空间，不要放在孩子的房间。家有青少年的家庭要装设"色情守门员"，避免日后色情网络上瘾。在儿童时期曾观看色情画面的孩子，未来色情网络上瘾的概率会比较高。

色情刊物或网络上瘾的常见原因包括长期感到孤单寂寞，社交圈狭窄，不知如何排解压力，生活没有方向，没有处理好童年时的性侵伤害等。色情网络的上瘾很难产生自觉，通常都是要等到对自己或周围的人产生伤害，才会想要戒掉。和其他类型的上瘾者一样，他们明知道这会带来极大的伤害，却无法停止，并出现失控的感觉，上瘾行为变得具有强迫性。

色情网络上瘾的人，通常有以下征兆：

鬼鬼祟祟。好像经常要隐藏什么事，害怕别人知道。

财务损失。为了上色情网站或拨打色情电话，造成财务上的损失。

改变睡眠习惯。日夜颠倒，和一般人的作息相反，白天无法正常工作、上学，因为作息的不同而造成与他人的疏离，逐渐自我封闭。

无视家人的存在。落入虚拟的快感中，逐渐忽略身旁的家人、朋友。形成冷漠的人格特质。已婚者则会产生婚姻危机。

强烈的罪恶感。色情网络成瘾者具有双重性格，从外表上很难识破。他们在寻求快感的同时又很厌恶自己，觉得自己龌龊、污秽，经常在矛盾中挣扎。

如何断除色情网络上瘾？我认为有以下几种方法。

1. 自我觉醒

"不再隐藏"是任何戒瘾的第一步。必须要觉察到这样下去会伤害到自己和他人的关系，对心灵伤害很大。色情网站上瘾最大的问题是"不觉得那是犯罪""这也没什么"，久而久之观看的画面越来越病态、越来越污秽，以至于无法正常工作及生活。

我认为上瘾的标准是："凡看见妇女就动淫念的，这人心里已经与她犯奸淫了。"要保守我们的心胜于一切。观看色情网站绝对不是消遣，而是犯罪。不要等到无法自拔时，伤害自己也伤害他人。

2. 删除

将所有与色情相关的网站、画面、信息等全部清除。这是断绝色情网络上瘾的必要条件，虽然许多人删除后又恢复，但这却是面对色情网站最重要的步骤。

3. 同伴监督

要勇敢靠近人群，不再因为害怕受伤而封闭自己。可以找一两位可靠、成熟的同伴，不定期或定期进行检查，确认你是否观看了色情画面、看了多久。最重要的是必须诚实报告。同时，也请他们为你保密。

4. 转移焦点

从事新的学习，将焦点转移。例如：学习新的才艺或技能。固定参加一个团体活动，如辅导会的学习班、社区大学的课程、登山社、吉他班等，重新开始接触新的人群、新的才艺，让每天的行程紧凑又充实。

5. 培养健康的习惯

形成放松及排解压力的习惯，如有规律、持续、流汗的运动以及经常收听古典音乐、朗读诗歌等。运动最好不要在家中，假日可以登山、骑车，多接触大自然。任何运动都是最有效的上瘾治疗剂，最重要的是要持之以恒。

6. 房间不要有电脑和手机

将电脑从房间挪走，或暂时放在朋友家。如果因为学习或工作需要，尽可能去图书馆。手机选择在房间以外的地方充电。刚开始会很不习惯，尤其是躺在床上会浮想联翩，此时最好在床头放一本好书，以便随时取阅。

7. 树立短期目标

"一天的难处一天当就够了"，不要将目标设立得太久远，以一天、一星期为检视的目标，然后慢慢扩展成一个月、三个月等。

第一个星期和第一个月最困难,当运动习惯养成或新才艺有了成果,会比较容易些。

辅导色情网络成瘾者最重要的原则就是"不要定罪",不可以采用质问的态度,这会让他们产生更大的自卑而更加孤僻。把握"用爱心、说诚实话"的原则,但"诚实话"越简短越好。

陪伴而且是长期的陪伴,是辅导色情网络上瘾的重要方法,陪伴之意就是一起从事一些活动,例如运动、爬山、骑车等。刚开始必须半强迫,等养成习惯后再慢慢放手,以同性辅导为佳。

在心灵层次部分,许多人之所以会色情网络成瘾,和他们情感的创伤及童年的经历有关,需要引导他们逐一面对,不再隐藏,用"饶恕"处理过去的伤害。要深入当事人的内心,引导他们承认这是"罪",且伤害了他人。同时要注重帮助他们建立新的人际关系,培养新的健康习惯等。

手机、计算机游戏:捆绑与驾驭

如果有人问:"21世纪的鸦片是什么?"一定会有人告诉你就是电子产品。长期毫无节制地沉溺在网络游戏中,容易在性格上受伤害,由于必须专注在计算机前,十分耗时,以致失去生活能力,如不去上学、上班,不尽责任,失去生活技能,甚至无法与人沟通。

此外,网络游戏上瘾者也会有视觉受伤、肝功能失调、肌肉萎缩等健康问题。一些在网吧玩游戏的人,为了让自己长期处于亢奋状态,容易受引诱吸食冰毒或大麻等毒品。长期沉溺网络也会导致躁郁症、抑郁症等精神疾病。

如果是儿童网络游戏上瘾那就更危险，据统计，六成以上孩子玩在线游戏时，会主动和陌生人聊天，两成的孩子会与游戏中认识的人互动（如打电话、交朋友、谈恋爱等），一成的孩子甚至会和游戏中认识的人约会见面。游戏过程中很快地和陌生人建立战友般的情谊，孩子很可能陷入与现实生活脱轨的危机。网络匿名性高的特性，可能被有心人利用而误入交友的陷阱，对孩子人身安全造成很大的威胁。

过早接触电子产品的儿童，人格发展与生活技能也容易受到影响。英国一项针对5岁至13岁儿童的调查显示，经常上网、沉迷玩电脑游戏、经常使用iPhone或iPad等的孩子，往往基本生活技能较差，其中65%不会泡茶，81%不会看地图，45%不会系鞋带，72%不会制作纸模型，59%不会爬树。

网络游戏的"迷人"之处，在于可以在很短的时间内获得很大的成就感，而在现实生活中可能需要很努力、经过长时间才能获得别人的肯定。随着科技的进步，虚拟实境的游戏越来越多，从真实的生活中跌入虚拟实境的人也越来越多。网络游戏"梦可宝"（Pokimom Go）引导许多在家打游戏的宅男、宅女走出户外，大量暴露在公园、马路等，人们才惊觉原来网络游戏这么有吸引力。

判断网络游戏的危险性，关键在是否成瘾。绝大多数玩网络游戏的人没有影响工作、学业，就不算是上瘾。许多家长对网络科技认识不清，认为孩子整天盯着手机就是上瘾，其实不尽然。

曾经一位母亲认为在上大学的孩子手机成瘾，社会人格有问题，但是这个孩子在学校成绩优秀、每星期按时参加正常的社会活动，一切都很正常。后来才发现是亲子问题，因为母亲只要一和孩子见面就唠叨个不停，孩子只好用看手机来逃避与母亲的面对面。

任何网络游戏或手机上瘾，先要弄清楚是否真的上瘾，是否已经影响到正常生活。面对网络游戏或手机的成瘾，关键不是"禁止"而是"控制"。一味禁止并不能彻底断绝网络成瘾。

案例

杰生从小品学兼优，面对长辈彬彬有礼，和一般孩子最大的不同就是父亲对他的管教非常严格。他们家表面上看来似乎是美满幸福家庭的模范，但实际上他的父母却经常吵架。

父亲禁止杰生接触任何的网络游戏、社交网站，用餐前必定会叫孩子背课文或数学公式。但这一切的"美好画面"却随着杰生离家进入知名大学而完全走了样。

进入大学后，杰生的室友是个网络游戏迷，杰生发现原来网络游戏是如此迷人，加上学校课业压力繁重，网络游戏能带给他无比的成就感，于是终日沉迷于网络游戏，成绩一落千丈，直到被学校退学，父亲才知道。

父亲怒不可遏，将杰生扫地出门，杰生不知如何是好，刚好遇见昔日的朋友给他安非他命，于是又落入毒品的旋涡中无法自拔。

我们无法彻底屏蔽网络游戏、社群网站，最重要的是"驾驭它"而不是"被捆绑"。家庭冲突、学校人际问题、课业繁重、工作压力、婚姻问题，都会让人轻易地落入网络游戏的陷阱中。

问题是有些人不会被捆绑，能够自我控制，但有些人就是无法离开网络游戏、社群网站。这些容易被绑架的高危险族群具有以下特征：低自尊、缺乏社会支持或情感寄托、同伴疏离、家庭功能不佳、课业压力、生活挫折、神经质、忧郁、社交焦虑、生活无聊等。

社群网站如微信等的兴起，让人有机会掌握许多社会动态及议题，甚至舆论，带来莫名的成就感，加速人们依赖各样的电子产品。如果每天早上起床的第一件事就是看手机，睡前一定要玩一会儿手机，三餐吃饭照看不误，不看手机就会有焦虑感，很少与人面对面沟通，那么你有可能是手机上瘾。建议治疗方法如下：

◇充分运用仪式与规定。例如：在餐桌上摆一个小盒子用来放手机，进入房门前将手机放在门口的小篮子里，手机不可以在房间内充电等。

◇展开新的学习。这个学习与电子产品无关，如绘画、乐器、语文课程等。

◇确立具有可行性的生活目标。例如，规定每天手机离身几小时。

◇寻找可信赖的伙伴每天提醒。

◇承认自己的软弱，恳求强者的帮助。

◇每天最少进行1小时的流汗运动。

◇周末、假日尽可能接触大自然，多参与户外活动。

同伴非常重要，尽可能多和能自律、有道德、有志向、勤奋、正派的人往来，自然可以脱离虚拟的网络游戏及不可靠的社群网站。

赌博戒瘾

赌博是所有行为类上瘾中最容易被发现的,因为它所带来的灾害显而易见。赌博所带来的兴奋、快感及赢钱的成就感,在现实生活中很难体验到,一些人因此沉迷其中无法自拔。

毫无疑问,赌博也和其他的上瘾一样会产生强迫性行为,也就是当上瘾者无法赌博时,会出现心悸、不安、恼怒等戒断症状。赌博无法从治疗的角度去处理,因为不会有生理、精神方面的问题,只能用禁止、杜绝的方法处理。即使身无分文,但是赌徒们还是会幻想自己赌赢了。这是让他们不断再犯的主要关键点,伴随而来的是赌债纠纷及犯罪。

从消遣到赌徒基本上可分为三个阶段:

赢钱阶段。他们聚焦于赢钱的快感而忽略了其他损失,如工作、家庭。渴望不断地重复赢钱的经验。

输钱阶段。赢钱的另一面,当他们输钱的时候产生财务的漏洞,此时就会想要弥补这个漏洞,于是投入更多的金钱,赌得更凶。

绝望阶段。此时的赌徒到了负债累累的地步,必须面对许多人的指责,于是变得越来越孤僻,产生许多负面的情绪,如焦虑、抑郁及严重的关系破裂,而逃避这些指责与负面情绪的途径就是赌博。此时的赌徒可能采用更极端的手段,如借贷与偷窃,来满足他们的赌瘾。

更糟糕的是这三个阶段可能不断地重复,经年累月地随着赌徒的命运上升或下降。他们可能从牌桌上换到彩券赌博,从赌场换到运动彩券,周而复始。

许多曾经吸毒的人，脱离了毒品却又染上了赌博，就是因为无法处理生活压力与挫折。

首先要从限制赌徒的金钱、赌博的时间、赌博的地点着手，亲属绝对不要在金钱上接济赌徒，单是这一点就非常困难，因为许多家属表示无法见死不救。

但是，赌瘾和其他的上瘾一样，必须经过危机才有可能觉醒。在落入谷底的关键时刻，他们必须自觉到赌博没有赢的可能，到最后都是全盘皆输。他们必须认识到赌博无法满足他们的期望，如果继续赌博，自己会成为永远的输家。此时才有机会进行拯救。

压力也是触发赌博的媒介。和毒品一样，赌博带来的刹那间的快感，能够让上瘾者缓解压力。除了限制金钱、远离赌友，也要找到正确缓解压力的方式。任何有效的上瘾治疗都需要个别化，需要为上瘾者量身打造适合并且健康的解压方式，然后重新调整他们的价值观，同时让他们接受自己的缺点。

赌徒赌博最大的动机就是贪财，必须从内心深处改变他们的价值观，不以金钱、物质为最有价值的事物，正确价值观的内化才能彻底改变赌徒外在的赌博行为，才能根绝赌瘾。

对钱财应树立正确的观念和信念："不要仰仗自己的聪明。你岂要定睛在虚无的钱财上？因钱财必长翅膀，如鹰向天飞去。""骆驼穿过针的眼，比财主进神的国还容易呢。"

我们要注重自己的功德和奉献，而不要注重世上的财宝。只有改变赌徒的价值观才能让他们彻底挣脱赌博的捆绑，换言之，会奉献金钱、救济别人的人一般不会是赌徒。在赌徒的转变过程中，也必须要有监督的力量，辅导小组及家人的陪伴是重要而关键的力量。

思考与讨论：

◎ 断绝色情网络上瘾的方法中，哪一项最难做到？为什么？

◎ 请叙述"驾驭"和"捆绑"的差别。

◎ 既然必须赌到全盘皆输的局面才有可能戒掉赌瘾，"帮忙偿还赌债"对戒瘾有帮助吗？如果没有帮助，为什么许多家属做不到呢？

第十一章
药物滥用、酗酒的治疗原则

他以灰为食，心中昏迷，使他偏邪，他不能自救。

药物滥用治疗的最大困难是即使停止使用一段时间，还是会产生暴怒、说谎、偷窃、扰乱家庭等"病征"，并且随时有可能再度滥用药物。由于吸毒、酗酒会让大脑受到损害，因此需要长期的修护。由于上瘾者本身性格以及家庭、环境等因素的影响，一旦遇见压力、挫折或朋友引诱，甚至闻到毒品的气味、看到酒类广告、回到原有的成瘾环境时，就容易引发再度使用，这就是为什么治疗是如此的困难。

医疗与戒瘾治疗

近年来政府将药物滥用放在医疗体系中，这样的好处是让药物滥用者不用担心被贴标签，或留下犯罪记录。但是将吸毒者带进医疗系统，会有另一种风险，就是用其他毒品代替原有毒品。

在美国，每年死于处方药的年轻人比死于毒品的人数还要多，著名的摇滚巨星迈克尔·杰克逊就是死于医生开的处方药品。许多上瘾者本人没有要戒的意愿，但是为了应家人的要求勉强就医或产生破坏性行为后被强迫就医，因此戒断的效果非常有限。

滥用安非他命引起的大脑病变，或K粉引起的膀胱萎缩，以及减缓海洛因戒断痛苦的美沙酮，都需要医疗系统的介入，才能恢复正常。因此在初期阶段将药物滥用或酗酒放在医疗系统内是有必要的。

但是药物滥用或酗酒已经成为上瘾者的生活习惯，即使进入医疗体系进行戒断治疗，如果生活形态与家庭环境、交友状况都无法配合，效果仍然十分有限。不仅如此，当他们从戒毒所出来，甚至一些在戒毒所中表现良好的人，回到原来的环境后也会很快复发。

让我惊讶的是离开勒戒所后，迫于人力有限，几乎没有任何的追踪辅导，家属完全没有任何警觉或监控措施，认为从戒毒所出来就好像出院一样病就好了，实在是大错特错。耗费许多资源、时间去戒毒，结果离开戒毒系统后因为缺乏追踪及监督系统又很快再犯，非常可惜。

也有许多病人为了治疗精神方面的问题如注意力不集中、过度紧张等，对处方药产生依赖而严重上瘾。我曾经辅导过的个案中，有的人为了减肥和大学生为了考试专注，对安非他命产生依赖，虽然他们达到了减肥或专注的目的，但却产生了幻听幻觉的后遗症。他们都是因为就医但无节制地服用处方药而落入上瘾的陷阱中的。

有酒精上瘾症的人中，大约八成都会有广泛焦虑症、恐慌症或是抑郁症，精神科医生也会开出镇静剂或安眠药来替代酒精。近来也有不少医生为酗酒者开"戒酒发泡锭"（Disulfiram），服用"戒酒发泡锭"24小时内再饮酒,会产生生理上的不适反应。这些不适反应包括严重的头痛、恶心、呕吐、脸色潮红、低血压、心动过速、呼吸困难、流汗、胸痛、心悸等现象,从而让酗酒者提醒自己要戒酒。

戒酒发泡锭的服用必须要有强烈的戒酒动机和家人的监督配合,才会达到效果。酒瘾和其他药物滥用一样,是"心瘾"的问题,加上取得容易,复发率极高,削弱了用药物阻断酗酒的成功率。许多酗酒者就是想要喝酒,享受酒醉后的茫然快感,因此不愿和医生配合。甚至也有人为了戒酒而对处方药产生依赖。常见的物质类成瘾的替代药物有以下几种:

◇尼古丁:
戒烟贴片、口香糖
安非他酮(Bupropion)
瓦伦尼克林(Varenicline)

◇鸦片类(海洛因):
美沙酮(Methadone)
丁丙诺啡(Buprenorphine)
纳曲酮(Naltrexone)

◇酗酒及其他药物:
纳曲酮(Naltrexone)
戒酒发泡锭(Disulfiram)
阿坎酸(Acamprosate)

药物及酒精上瘾是一种复杂但可以被治愈的疾病，由于大脑结构、功能被改变，有时必须借助医疗才能恢复，但诡谲的是即使在停用药物或戒酒后也会产生破坏性及不正常的行为，我们称为"断瘾症候群"。上瘾者具有潜在的复发因子，即使在一段时间内保持正常，也仍然有可能复发，就像伤口感染一样。这类上瘾需要长时间的监控隔离才会慢慢复原，上瘾者及家属都必须有这样的认知。

任何药物都只能短暂舒缓戒断的不适应，效果十分有限，甚至引发不同药物、赌博、色情等不良替代品。全人康复的前提必须是医疗、家庭、社会以及上瘾者本身配合执行，逐步改变上瘾者的生活习惯、价值观以及忍受挫折的能力。上瘾者是病人，他们无法自救，必须仰赖陪伴者以及信仰的力量。

有效的戒瘾治疗

不少人问我为什么不出版我和毒品的奋战故事，我的著作很少提及我们家的故事，如果提及我们家的故事或许可以赚取不少热泪。对此，我总是回答："第一，我只是小人物，没有人会关注我的故事。第二，也是最重要的就是：戒瘾没有模式，更没有一定的规则，套用在我儿子身上的方法不见得适合别人的孩子，我不想让读者被误导。"

许多人喜欢听故事和别人的经历，这不是不好，而是会有另一个潜在的危机，即"他可以做到，我也可以"。照单全收、生搬硬套的结果就是带来更大的挫折感。因为失败者无法上台，而失败者远比成功者要多得多。而有些"成功者"可能后来又失败了。

戒瘾不能只通过咨询、劝导，也不能期待一次协谈就可以完全达到目的。就我辅导的经验而言，没有任何两个个案采用了相同的处理方式。要依照个案的家庭、年龄、上瘾类型、所处环境、心理状态、个性而采取不同的方法。真正的戒瘾辅导必须长期陪伴并做到个别化。

美国的戒瘾方法、种类比较多样化，有许多"在家治疗"的支持系统（本书的目的就是盼望能够加强在家治疗的可行性）和中途之家。而国内许多家属大都缺乏对上瘾的认识，以致除了强迫成瘾者进戒毒所之外几乎没有别的方法，戒瘾后也不知如何处理。

美国的家长比较能够接受让孩子自己承担结果，但是许多中国家长做不到，认为无论孩子年纪多大都是父母的责任。这是两者最大的差异。大体来说，有效的戒瘾必须符合下列原则。

1. 量身打造

没有一项治疗方法适合所有人。戒瘾的目标是恢复原本的角色，让他们能够回到社会、家庭、工作岗位。但是个人的情况不尽相同，因此需要针对不同的需求而制定专属戒瘾计划。例如：有些戒瘾者可以借助工作恢复功能，青少年可以采用前述的活动治疗法，女性必须考量托儿计划，毒品来源如果是住家则必须考虑搬家等。

每当我在各地演讲时，许多家长急需答案，但是事实上没有标准答案，正确的治疗法必须取决于成瘾种类、使用时间、性别、家庭背景、年龄、性格及许多个人因素。因此必须综合所有因素才能正确提出治疗方法。

2. 具有机动性及灵活性

由于毒品及酒精都会带来极度的快感，因此上瘾者几乎很难进入治疗体系，这就是为什么危机处理非常重要。当上瘾者有戒瘾意愿时，必须要立刻采取行动，提供治疗方案。危机时刻一过，上瘾者可能又不愿意接受治疗了。

这就是为什么家属必须与相关单位密切配合，如戒毒所或医院等，随时准备好方案，当他有意愿或被迫去戒毒时，也就是我们所说的"落入谷底"或"走到人生的尽头"时，必须立刻采取行动。例如，当上瘾者被追讨债务，失去工作，可能入监服刑时，需要立即行动才能化危机为转机。

3. 治疗上瘾需要时间

隔离的时间离上瘾开始的时间越久，成功率越高。最少要隔离三个月以上，才能看到一点效果。不仅是毒品，色情、赌博、网络游戏等行为类成瘾也一样。为避免诱惑及复发，最好能够在长期隔离的同时被监控，可以借着事件的发生，如人际关系的冲突、失业、朋友引诱、失恋等，从旁辅导，加强上瘾者面对挫折的能力。

随着戒瘾时长的变化，应随时调整策略。例如，当孩子离开毒品一段时间，就必须要考虑上学或工作的问题。因此家人必须要和辅导老师长期保持联系，随时调整脚步。许多家属认为上瘾者从戒毒所出来就可高枕无忧，这实在是非常错误的想法。

4. 信心的建立

绝大多数上瘾者的自我形象非常糟糕，长期的吸毒、酗酒导致他们非常瞧不起自己，有时候也被家人、朋友所弃绝。因此信心在治疗过程中扮演着非常重要的角色，上瘾者应当清楚地知道自己无法确保不受任何诱惑，需要更大的力量。培养自己抗拒诱惑的能力，学习用合理的、自信的眼光看自己，才不会自卑或自大。

5. 不断地评估和修正

任何一个治疗计划都需要根据当下的状况不断进行调整。这个过程除心理辅导之外，要依照不同的阶段提供不同的辅导。如刚开始可能用药物舒缓症状，紧接着家庭治疗必须介入，后期可能需要托儿中心、就业技能与机会、法律咨询、社会接纳等，必须依照个人不同时期的需求而调整策略。

6. 精神障碍的排除

许多药物滥用者也会有其他精神障碍，特别是安非他命上瘾者及酗酒者。需要同时针对两者的病况安排医疗介入。也有不少人是因为有精神疾病自行胡乱吃药而产生依赖，必须要经过专业医疗检验、确认。

7. 不是被隔离而是被监控

如果只有隔离而不采取其他措施，当他们回到社会及原有的环境后，遇见触发上瘾的诱因时，很可能复发。正确的做法应该是当他们离开监狱或戒毒所，回到社会或家庭之后，继续被监控一段时间。

不是不让他接触任何人、事、物，而是任何与毒品相关的诱因，如金钱、交友、外出等，都必须被管理监督，这样的好处是可以尽早发现使用毒品的诱因，避免再犯。同时不定期做毒品筛检。对于网络成瘾者也一样，不是杜绝上网而是控制上网时间。

8. 要有支持团体

家庭治疗和团体治疗是被认为具有积极建设性的方法，可以激励上瘾者产生改变的意愿，培养对抗毒品的技巧，建立良好的人际关系等，长期参加聚会对全人康复非常有帮助。美国匿名戒酒协会（Alcoholics Anonymous）、匿名戒毒协会（Narcotic Anonymous）、欢庆更新（Celebrate Recovery）等，都是非常好的支持团体，可以让有心戒瘾的人在这里得到劝勉、支持及鼓励。

我所认识的戒瘾后长期不接触毒品的人（也包括我儿子）都是长期固定参加相关聚会而得到全人康复。认为只需要靠自己而拒绝团体支持的人，反而是最危险的。家人是最佳支持团体，应该积极学习一切戒瘾原理、方法，支持他们迈向戒瘾。

9. 庆祝重生

断戒后不但要有监控系统，同时也要给予奖励。我发觉在台湾地区几乎没有家属帮这些戒瘾的孩子"庆生"，所谓奖励就是"庆生"：庆祝远离毒品重生的日子。坦白说这比庆祝生日还重要。这样的好处是可以鼓励他们往更长远的戒瘾目标迈进。例如：不依靠药物满月、满百日、六个月、一年，家人可以适当庆祝。

我曾经和一位戒毒很久的朋友联络，他告诉我刚刚才和孙子、儿女庆祝戒毒满25年。远离毒品才是真正值得庆祝的事，其余都不重要。无论鼓励或监控，都是一辈子的事。

思考与讨论：

◎ 到医院治疗上瘾的优缺点有哪些？

◎ 你认为本章中提到的有效的戒瘾治疗中哪几项原则最难做到？为什么？

◎ 为什么戒瘾计划必须针对不同的个案量身打造？

◎ 中途之家、戒瘾协会并不普遍，当上瘾者离开戒毒所或监狱，回归社会和家庭后，会遇见什么挑战？

◎ 为什么"庆祝重生"很重要？对自我形象不佳的戒毒者会有什么帮助？

第四部
Part 4

迈向全人康复

第十二章
迈向康复

> 上瘾没有康复,只有"迈向"康复。"自由"不是除去限制,而是找到"对的限制"。
>
> ——蒂莫西·凯勒(Timothy Keller)

"等你戒成功了再回家"——这是许多戒瘾者家属的共同语言。

通常我会告诉他们:"戒瘾没有成功的,连一个也没有,只有暂时远离成瘾。"戒瘾的人只有离开世界的时候才知道是否成功。

对上瘾者来说没有"康复"二字,正确的说法应该是"迈向"康复的道路。挣脱任何上瘾捆绑后并不能保证从此以后不再上瘾,而是要保持警醒避免再犯。一旦对人、事、物失去自我控制的能力,就容易产生上瘾。

正如保罗所说的那样:"凡事我都可行,但不都有益处。凡事我都可行,但无论哪一件,我总不受他的辖制。"请注意"凡事"指的是任何事,包括工作、爱情、儿女、看连续剧、食物、运动等,当然也包括毒品、药物、酒、烟、手机、电子游戏、赌博,沉溺就是有害的。全人康复就是迈向不以任何人、事、物为偶像的生活。

对付上瘾就像上战场一样，要随时保持敏锐、警醒的心，留意敌人的作为。问题是我们经常忘记自己身处战场，更糟糕的是我们会经常忘记我们所面对的是一场战争。事实上它比战争还要可怕，因为上瘾是非常隐秘的事，表面上看起来还不错，一切生活如常，但却在无声地吞噬着我们的灵魂。

有一个个案说他吸毒就像喝水一样，每一次被人发现只会让他的"掩盖功力"越来越强，以至于吸毒一年都没有被发现，直到癫狂、扰乱秩序被警察逮捕为止。

曾经有人统计，戒瘾后第六个月是危险期，很容易再犯。为什么？因为松懈了，身边的人也都放松了，认为变好了，于是开始给上瘾者提供金钱和自由。他们失去了监控的力量，虽然没有毒品，但空虚感却越来越强烈，忘了处于战争状态，加上生活中的挫折，很容易再度使用毒品。

上瘾者因为扰乱他人而更加孤立，因此当他完全脱离各种上瘾之后，必须开始重建各种"好的"社会关系，在各领域中建立自信。这些领域包括工作、学习、人际关系、家人肯定等。康复过程中最困难的是家属和上瘾者都必须面对别人的眼光。

上瘾者原本就很自卑，对周围的人的反应会更加敏感，在复原的过程中很可能会遇见比原先更大的挫折，因此长期支持团体及陪伴者非常重要。

在台湾地区几乎没有介于戒毒所与社会之间的中继方案如中途之家（halfway house）、团体治疗（AA meeting、NA meeting）等，上瘾者离开戒毒所之后几乎没有追踪辅导及监控机制，戒毒所鉴于人力不足，顶多只能打电话问候一下，根本无法了解真实状况，以致功亏一篑。本书的目的就是以家庭为主要的中继方案，让戒瘾后的人能透过家庭、志愿者、辅导的正确引导，逐渐进入社会，恢复良好的社会关系。

在消极面要建立长期监控的机制，也就是"限制"。"戒断"并不代表"成功"，当他步入社会面对试探，更加需要"无形的城墙"，目的是帮助戒瘾者建立自我防护机制，学习自我控制，以及如何做出正确的选择。戒瘾者过去的生活缺乏界限，而戒毒所只是暂时隔离，只有步入社会后才有机会学习面对诱惑时的自我控制。因此介于"勒戒"与"社会"之间的"中继站"非常重要。

消极面帮助戒瘾者建立无形的界限，学习自我控制。在积极面要找到替代方案，也就是替代原本属于黑暗世界上瘾的那一块。如同前文所言："瘾"不会根除，必须要找到正确的替代品。最后要认识到戒瘾后必定会有复发，有效处理复发，才会带来真正的康复。

人之所以会失控而被上瘾捆绑，是因为从小没有界限。因此当人们为自己的上瘾行为觉醒时，必须要设立界限。界限的设立不是障碍而是保护，目的是保护我们免于任何上瘾的捆绑，让我们能够自由地成长。因为真实的自由不是没有界限，而是找到适合的界限。

前文提到戒瘾后的第六个月是比较危险的时刻，此时毒品或酒精完全离开了身体，上瘾者会感到惶恐及空虚，在戒毒所我们称为"撞墙期"，容易和别人产生冲突。许多家属不明白这点，以为他们"变好了"，从而疏于警戒，其实此时更要留意他们的心理状态，给予适时的心理辅导。

上瘾者必须经历负面行为所带来的结果,并且为此负责,才有机会调整过来。必须要将心态、生活、金钱、朋友等放在监督的环境中,简单来说就是"行在光明中"。

原先的城墙(界限)已经倒下,以致生活失控,成为"罪错"的奴仆。因此我们必须从里到外重新建造。诗人曾这么说:"用绳量给我的地界,坐落在佳美之处;我的产业实在美好。"在界限范围之内重建城墙的目的不仅是保护我们,也带给我们幸福。

上瘾者没有康复,只有逐渐康复,直到生命的终结。同样,自由也必须逐渐赋予。自由必须建立在信任的基础上,这里所说的信任不是针对上瘾者,其真正的含义是只要我们有信仰,用温柔、坚定的态度,不与罪恶妥协,设立清晰的界限,时间久了自然可以脱去种种来自"瘾"的捆绑。

思考与讨论:

◎认为"戒好了"而放松警惕会带来什么危险?

◎"断戒"完成后,最重要的是什么?

◎以家庭作为戒瘾者踏入社会的"中继站"有何优缺点?如何补救?

第十三章
内在心态的调整

人不制伏自己的心，好像毁坏的城邑没有墙垣。

戒瘾其实就是一场心念的战争。前文已指出，人一旦经历了上瘾的快感，即使暂时远离，但当遇见挫折、压力时很容易又躲进"瘾"中，因此戒瘾的人必须要拥有对抗挫折的能力，也就是心思意念的问题。

曾经有个父亲对孩子说："你要保守你心，胜过保守一切，因为一生的效果由心发出。"治疗上瘾是一场心念的战争，"心思意念"是一切的源头。

心思意念的调整大致分为四大类型：改变思想、学习说"不"、改变态度、飞越沮丧。

改变思想

上瘾者的"心思"影响"态度"，"态度"带来"行为"。通常人们只会针对最后产生的犯罪行为加以修正或劝导，但这样不能从根本上解决问题。最重要的是要改变他们处理挫折的方式及内心的错误观念。

绝大多数的上瘾者长久以来都是"物质导向"，他们认为快乐来自物质欲望的被满足，缺乏精神层面的追求。他们认为只要拥有金钱或所需要的物质，就能得到快乐，在他们看来，性行为就是相爱。他们的基本心态有两大盲点：

第一，放大自己的挫折，在别人看来只是小问题，而上瘾者却认为是世界末日。

第二，看不到事件的正面意义，习惯从自己的角度看问题。

因此，他们要学习从不同的角度思考问题。通过表5，我们可以看出面对相同事件时，消极思维与积极思维的不同态度、情绪及行为表现。

表5 消极思维与积极思维的不同态度、情绪及行为表现

事件	消极思维		积极思维
失恋	背叛	态度	不适合
	愤怒	情绪	平静
	报复	行为	感恩
失业	我失败、没用	态度	下次要改进
	抑郁	情绪	平静
	酗酒	行为	找工作
被误认为吸毒	你认为我吸毒，就吸给你看	态度	我要更加努力
	愤愤不平	情绪	斗志高昂
	吸毒或再次吸毒	行为	证明清白

形成这种差异的关键在于思想。在辅导上瘾者的过程中，比较

困难的是我们通常只能看到最初的事件以及最后的行为，在转化行为的过程中我们看不到思想，有时候也察觉不到情绪的变化，这是预防再度上瘾的最大障碍。因此如果有机会让他们表达自己的思想，就更有可能避免负面情绪及行为的产生。

这也是为什么参加支持团体非常重要。他们必须找到机会分享思想及找到情绪的出口，我称之为"上瘾的预防"。

学习从另外的角度看事件，可以避免产生负面的情绪。所谓"新的"思考角度就是强调"感恩"，就算发生不好的事情也要感恩，在负面的事件中发现值得感恩的方面。这不是阿Q精神，而是看事情的角度。

上瘾者总是习惯以自我为中心，因此迈向康复的第一件事就是学会从正面的角度看事情。

勇敢地说"不"

"自我控制"的反面就是"自我放纵"。控制什么？又放纵什么？其实就是肉体，就是欲望。瘾头发作的原理就是"我要，我要，我还要"，也就是对欲望的索求无度。

上瘾不仅是心理的依赖，也是身体的化学反应。赌博和看色情网站时，虽然没有物质进入身体里面，但仍然会引起大脑的变化，产生身体的快感。有上瘾性格的人不懂得深思熟虑，面临诱惑时首先想到的就是肉体的快乐，好像是被迫要接受，也就是说，当他们遇见可以让他们快乐的人、事、物时，无法狠下心来拒绝。

戒瘾后要学习克制自己的欲望，也就是培养自我控制的能力。当你无法拒绝时，可以思考、暂停，不要立刻冲动行事，可以在心中默想或征询他人的意见。

有上瘾性格的人通常不会拒绝，无论是好事还是坏事。他们已经习惯跟着感觉走，感觉对了就是对了。例如："遇见一个女孩感觉很好就对了""对我很好就是好人""不喜欢参加聚会因为感觉不快乐"等，长期下来，他们便不会判断对与错，而只是凭感觉。

上瘾者最难说出口的一句话就是"不要"。只要是好玩的、感觉好的就是"好"，薄弱的自我控制力是最大的障碍，因此学习如何拒绝是戒瘾最重要的功课。

真正的戒瘾要学习"接受与否"的标准，不再凭"感觉"，而是凭借"知识"。这个"知识"就是"我知道我是有价值的，这件事（药物、色情、赌博等）会伤害我自己和我的家人，所以我必须拒绝"。

逃避是上瘾者常采取的行为。上瘾者因为无法面对困境而躲入成瘾之中，对于让他们不快乐的事会习惯性地采取逃避的态度，如他们对别人的邀请不会拒绝，而是不回复。

上瘾者在生活中遇见挫折时不会想要努力，而是采取逃避。当别人邀请他们参加好玩的派对，他们就会立刻跟着走。当他们进入商场遇见推销员，即使没有意愿购买，但还是无法拒绝，最后还是掏钱买下不需要的物品。有些孩子无法面对父母的唠叨劝说，便采取逃避的态度，索性搬离家庭，他们知道父母是对的，但是胜不过自己的欲望，于是选择逃避，不去面对。

然而，只是说"不"还不足以克制内心的欲望，因此必须让自己"活在透明"中，也就是将自己的欲望摊在别人面前，也就是当你"想要"的时候，可以将心中的"想要"告诉信任的家人或朋友。

或者，可以定期进行尿筛，远离毒品贩子的住处，不要让自己的眼光接触任何与酒相关的画面，断绝家中的网络等，也就是常说的趋吉避凶。经常阅读书籍中的箴言可以帮助我们勇敢地说"不"。

调整态度

另外一个保护自己，避免落入上瘾的方法就是调整态度。正确的态度是成为新造的人最重要的条件，它就好像食物的调味品。没有调味品的食物一定是索然无味的，我们通常会说这道菜很好吃，而不会说这道菜里面的盐调得很好。态度就是调味品，任何的工作与学习，结果并不重要，重要的是态度。

如果我们向人道歉而态度高傲，那么这个道歉不会带来圆满的结果。当我们评估一个新造的人，不是看他做的结果，而是要关注他的态度。要看到他的认真、负责、诚实、努力，而不是工作、薪水、成绩。

什么是态度？简而言之，态度就是对事情的想法和反应。上瘾者遇见事情总会产生许多负面的想法，我们要帮助他们更多地看到事情的正面与积极面。就好像当我们吃饭时不会太在意桌子如何，而是会比较在意菜是否好吃。要带领迈向康复的人看到人生的价值和意义。因为看法会影响态度，态度端正了自然会产生好的结果。

上瘾期就是成长的"空窗期"，因此不要太注重表现与结果。许多家属认为上瘾者年纪大了，吸毒耽误了太多的岁月，要奋起直追，其实这是错误的。每天的生活习惯与工作态度比薪水更重要，工作的目的不是赚钱，而是通过工作建立自信及健康的人际关系。

正确而合适的态度有：慢慢除去骄傲；接受善意的批评和劝告；尊重他人；学习关怀他人；承认自己的错误；当我遇到挫折时，学习相信自己；努力工作，不要懒散；服从有权威的人；接纳自己；用药之前先改变态度；学习饶恕。

想法带来态度，态度带来结果。表6可看出两种态度的差异：

表6　负面态度v.s正面态度

负面态度	正面态度
别人找我麻烦	我被纠正
我根本不想听	我要仔细地听
我恨他们	我谢谢他们关心我
我要找他们算账	我可能错了
这不关你的事	如何避免产生误会

当你说"我可能错了"并不代表真的错了，而是避免产生冲突。辅导者要帮助戒瘾的人认清：任何人都会有盲点，别人指正你并不代表别人找你麻烦，要仔细地听、慢慢地说。这就是态度的改变。

飞越沮丧

绝大多数的上瘾者都时常会感到沮丧，严重者会有抑郁症的倾向。他们长期依赖药物及刺激性的上瘾源头，一旦失去了，就很容易产生沮丧，然而周围的亲友却很难察觉，以至于无法提供及时的帮助。

他们可能会表示心情不好，一般人心情不好会找人倾诉，或到郊外走走，或借着其他活动转移忧虑，但是上瘾者则不然。前文提及上瘾是生活习惯也是"心瘾"的问题，要戒掉这种让"心情变好"的习惯，是非常困难的。因此当他们"心情不好"（其实就是沮丧及抑郁）时要如何面对？这是避免再犯的重要因素。

当上瘾者想要寻死，或觉得人生无望时，要及时求助医生，因为可能罹患抑郁症。我有一个朋友因为环境的巨大变化，产生抑郁倾向，多次自杀未遂，让周围的亲人担心不已。亲友想尽一切办法陪伴、劝导都无效，最后只得寻求医生的帮助。经过检查原来是大脑产生病变，经过几个月的药物治疗逐渐痊愈，现在的她快乐而自信，非常乐意将自身的经历分享给有需要的人。

许多药物滥用者也一样，长期滥用药物极有可能产生抑郁症的倾向，必须通过医疗检验，看是否有大脑病变而产生抑郁症的问题。

如果没有大脑病变而只是沮丧，令人行动无力，辅导者要帮助他们不要让沮丧成为绝望。相反，沮丧有时候会让人下定决心，解决问题，寻找新的出路。例如，找工作不顺利、人际冲突、朋友背叛等，这些都是重新学习的机会，关键在他们是否愿意讲出来。当他们感到沮丧时，身边的亲人一定要及时察觉。

当他们戒瘾完成之后，需要可信任的人在身边鼓励、监督，让沮丧成为改变的助力。而我看到的事实却经常相反，真是非常可惜！

曾经有个个案，由于长期吸毒，母亲无法承受压力，索性自己离开家，让孩子独自留在家中生活，没多久孩子被逮捕进入戒毒所。由于学有专长，勒戒过后很快找到一份还不错的工作，母亲由于长期被孩子干扰，不愿意搬回和孩子同住，想给他一个教训，没多久孩子又再度落入吸毒的陷阱。

我觉得非常可惜，因为这位母亲其实对毒品相当有概念，也非常了解孩子，但是在孩子步入社会参加工作的关键时期，母亲却选择缺席。母亲说："我还是有请他吃饭，偶尔探望，也经常发消息给他啊！"其实这些都是不够的。

当他们再度就业、步入社会，心中是恐惧的，他们的心智年龄还停留在"青春期"的阶段，此时如果身边有人可以分享步入社会的经验，对他们是非常重要的。

我能理解家人的痛苦，但正确的做法不是逃离，而是当他们吸毒时请他们离开家，当他们愿意改变时再欢迎他们回家，而你总是会在家中等待他们！

思考与讨论：

◎ 改变思想、勇敢说不、调整态度及飞越沮丧之间存在怎样的联系？为什么内在的改变很重要？

◎ 若是有可能，请将本章打印给戒瘾者阅读，并和他们讨论最常出现的负面思想是什么。

◎ "将自己的思想说出来"是非常重要的康复步骤，如果没有机会与人分享或分享的对象错误，会带来什么结果？

◎ 举例说明哪些人、事、物是因为角度不同而产生不同的看法？如何引导戒瘾的人从不同的角度看问题？

◎ 当你心情不好时，通常会如何处理？这样的处理方式有哪些优缺点？

第十四章
外在环境的改变

近朱者赤，近墨者黑。

士兵在战争期间曾经服用吗啡来减轻伤痛，返家后就不再使用；做手术时医生会给病人使用麻醉剂，出院后病人也不会沉溺在麻醉剂之中——他们都有服用所谓毒品的经验，但是却没有上瘾。然而沉溺在鸦片、吗啡等麻醉剂中的上瘾者却处处可见，其原因除了心态之外，最重要的就是外在环境的转换以及人际网络的不同。

我曾经和一位研究犯罪学的教授讨论毒品相关议题，那时他刚动完手术出院，他告诉我在手术期间曾经注入大量的吗啡，当时的感觉好像上天堂一样，让他领悟到毒品诱惑的强大。我问他："你想再用吗？"他回答："出院后忙得要命，学生那么多、老婆小孩要照顾，哪有时间想吗啡？早就忘记了当时的快感。"这就是断除毒品的基本概念：内在心态的改变和外在环境的转换。

无毒的生活环境

在"有毒"的环境中戒毒,如同在酒吧戒酒一样无效。问题是,什么地方保证没有毒品?是家里吗?错!大概只有两个地方没有毒品,但是这两个地方却让许多人敬而远之,那就是监狱和戒毒所。

台湾地区曾经有戒毒机构计划利用某村中废弃的小学建立戒毒所,让该地区有心戒毒的人可以得到帮助。没想到村长极力反对,误认为此举会将吸毒者带到村中。这实在是大错特错。戒毒所通常会对毒品严格把关,对地区反毒工作是有帮助的。有人说台东的治安相当不错,原因之一就是台东拥有六所监狱。

孩子吸毒惹麻烦,家长总是想尽办法不让孩子进监狱,认为在监狱会被欺负或学坏,殊不知只有在监狱,吸毒者的大脑才有机会获得喘息,恢复正常,才有机会反省自己的人生,这是在监狱以外的生活中做不到的。

我曾经遇见一位从戒毒所出来后进入社区大学读书的孩子,我知道吸食安非他命的人,需要相当长的时间隔离毒品才有可能恢复。他的成绩居然不错,我很惊讶。他告诉我这些年来自己经常惹是生非,家人没钱请律师,因此大半的时间都在监狱度过,可能是因为在监狱没有吸毒,大脑没有被破坏得那么严重。戒毒所和监狱都是无毒的生活环境,我们认为最安全的家反而有可能是最危险的地方。

从前在我们的观念里,家就是避风港,但现在在家中可以轻易地浏览色情网站,毒品可以随时快递到家。戒瘾的第一步就是确认所处的环境没有毒品,没有诱惑。

如果你的邻居在吸毒那就赶快搬家，如果被同学诱惑那就转学，如果工作场合需要喝酒那就换个工作，在车上吸毒就把车卖掉……任何有可能唤起旧记忆的都必须换掉。戒瘾如作战，不可能不付出代价就会自然好！不仅如此，家中抽烟的人最好把烟戒掉，酒瓶最好丢掉，如果在工作时吸毒就要告知老板……总之，避免落入试探，宣告新生活的开始。

当上瘾者迈入社会的初期阶段，这些措施是有必要的。多年前我曾经卖房子、卖车子，就是为了让孩子丢掉旧的记忆，重新开始。如果真的无法搬家，起码可以换房间，因为他的房间可能还有库存，而你不知道藏在哪里。

所谓"初期阶段"有多久？我认为至少五年。

我认识在戒毒所戒毒期满返家的一个孩子，刚开始一切正常，回到大学按时上下课，没想到有一天在回家的途中发现针头，于是走着走着就到了以前一起吸毒的朋友家中，被发现的时候已经倒在路边吸毒过量不省人事……也有孩子出事入了监狱，但是出狱后母亲将车交给孩子，上了车，那个吸毒的"旧记忆"又回来了，况且车上还藏有毒品，于是很自然地又回到了过去。

我也曾经遇见网络游戏上瘾者的母亲，为了让孩子恢复正常，一家人搬到没有网络的乡下。任何"旧记忆"都是对上瘾者的提醒，必须确认生活在无毒的环境，才有机会将瘾戒掉。这是一场无声的战争，不付出代价，上瘾者是不会恢复的。

经过一段时间，上瘾者的头脑清楚了，还要了解成瘾的源头是什么、在哪里用、什么情况下用等问题。戒掉色情网瘾的人要避免独处，建立自信。戒掉赌瘾的人身上最好不带现金、银行卡。任何让他们再度上瘾的人、事、物都必须隔离。

新的友谊圈

这是最困难的一步。上瘾者长期封闭自己,通常没有朋友,大多是毒友或网友,因为自卑,他们很难敞开心扉接触正常的朋友。即使有人愿意主动伸手邀约,上瘾者也不容易答应,闭门羹吃多了,朋友也就不再邀约。

曾经有位教员感叹,这些迷惘的孩子缺乏陪伴者,我问他:"团队和小组呢?"事实上团队或小组是可以帮助他们的。但是这位教员回答:"团队和小组都是乖乖牌,很难和他们打成一片。"关键在于,团队和小组是否有机会让这些孩子自然而然地融入而不会感到自卑?

在台湾地区,有更生团契,有专为受刑人出狱后预备的聚会,在那里可以找到过来人,成为他们的朋友。欢庆更新(Celebrate Recovery)聚会可以成为他们的帮助,也可以打听哪些团契和小组有相同经历的人,让这些有心戒瘾的人在尚未建立新的友谊圈时,有释放情绪的通道。

同时也要建立"一般"的朋友圈,如登山队友、健身同好、游泳伙伴、拳击教练等。如果有可能,最好更换手机或将原手机内的联络人清除。我们没有办法强迫他们交朋友,但是可以帮助他们建立新的友谊环境,例如邀请同年龄的朋友到家中聚会,鼓励参加有趣的营会,请他们的朋友吃饭等。

当人们心中有信念,知道自己的明天将如何度过时,就不再害怕寂寞。只有找到真正的朋友,才不会感到寂寞。但是信仰的建立很难一蹴而就,需要有渴慕的心,关键在于上瘾者本人是否自觉到"不能再这样下去",以及危机处理是否得当。

被监控的金钱流向

在上瘾者的心目中,金钱等于毒品。给他们钱就等于喂他们毒品。曾经有妻子将孩子的学费交给先生转给学校,结果先生拿去赌博。那位先生不是不爱孩子,也不是不负责任,而是战胜不了自己的欲望。

还有一个个案。经过一段时间的奋战,孩子愿意接受监控,在家中戒毒,但是平时加油、吃饭都需要钱,于是父亲给他非常少的零用钱,没想到他却省下零用钱买毒品,父亲非常伤心,不知如何是好。经过评估后,我认为该个案只是偶尔为之并未成瘾,于是建议家长以信用卡代替现金,并且每天查看信用卡的使用是否异常。

若是想要戒瘾的人有能力自己赚钱怎么办?那就尽量减少他可以使用的金钱。例如,住在家中就必须负担房租及生活费,规定将薪资交给家人保管等,以避免受到诱惑。

我曾经辅导过一个孩子,戒毒两年表现良好,在外地租屋上大学。离家就学之前答应母亲可以监控他的账户、手机及学校成绩。母亲每天查看银行账户,不料发现有不明的现金流向,于是去电询问,却一直等不到回电,母亲焦急地问我该怎么办。我告诉她,既然担心就买张机票探望一下吧。

记得母亲当时发现异常的金额只有40美金,但是却花了400美金买机票,母亲下飞机后直奔孩子住处询问这笔钱的流向。孩子虽然对母亲的举动十分不满,但承认因为无聊曾经用过一点点大麻,并且保证绝对不再使用。从此以后他就没碰过任何毒品。如今这个孩子已经大学毕业,找到了自己喜欢的工作。

当年母亲在关键时刻迅速做出反应,在孩子成瘾之前及时阻止，其关键的一步就是对金钱的监控。

当我们监控孩子对金钱的使用状况时，关注的重点不是用了多少钱，而是钱用在哪里。需要牢记的是，监控不是限制。许多父母禁止孩子花费，却不知道钱用在哪里。毒品价格越来越低廉，染毒的孩子宁可不吃饭也要使用毒品，因此我们不是要限制孩子使用金钱，而是要关注钱怎么花。

也有家长问我："总不能监控孩子一辈子吧？"其实也不尽然，当他找到人生的目标与兴趣，并且开始持续迈进，就可以慢慢放手，但这个过程可能很长。总之，在他赚取足够的金钱可以完全独立（自己负担住宿、生活费等）之前，就必须接受监控，直到他真正独立。

工作、学习与运动习惯

吸毒、酗酒、色情网站成瘾其实是一种习惯，因此我们要建立另一种正常的生活习惯来取代原先的不良习惯。尽可能将生活单纯化，每天照表操课，如早睡早起、三餐定时等，不要有太大的变化。

任何能够带来成就感的事都要尽量去做，敦促找工作不是要他赚钱，目的是让工作带来成就感，同时也让他知道："总要劳力，亲手做正经事，就可有余，分给那缺少的人。"工作也是重新踏入社会的最好媒介。工作可以重建他们的人际关系、技能，培养良好的学习能力、勤劳习惯等。有些孩子不去工作整天赖在家，家长却无可奈何，关键在于家长是否坚持。

如果孩子有吃有住，每天坐在沙发上看电视、打游戏，何必辛苦赚钱？家长要做的不是逼迫孩子找工作，而是帮助他了解必须自己负担生活费用，即使住在家里也必须付房租。这一点许多父母很难做得到，他们总认为孩子离开家是不安全的，孩子住在家里也不要求孩子做家务，间接助长了"啃老"等不良习惯。

许多药物滥用者大都有犯罪记录，即使有心悔改也很难找到适合的工作，加上没有一技之长及自卑感作祟，此时他们需要社会及家人的帮助。如果工作的伙伴能够理解其背景，帮助会更大。

我曾经在台湾南部遇见一位姐妹，她告诉我在Good TV听过我的分享，非常感动，决心戒掉十年的毒瘾。而我认为，她戒瘾成功的原因不仅仅是听了我的分享，她之所以能够彻底脱离毒品的捆绑，除了永不放弃的母亲外，还有成长小组的长期关怀和陪伴，帮她找到工作。现在的她健康、自信，还当了店长。

长期上瘾的人主要的人格特征就是"过度关注自己"，因此他们要学习将眼光从自己身上转移到别的事物上。学习新事物就是非常好的转移，最好以艺术、音乐、运动为主，可以陶冶性情、培养兴趣，重点在于持之以恒。任何上瘾的目的都在于获取短暂的快乐，他们可能从来没有体会过学习带来的快乐及成就感，而学习新事物就能够帮助他们从学习中发掘潜力，培养自信。

我曾经走访台北新生命小组，他们居然有彩绘指甲小组、爵士鼓小组、模特小组、戏剧小组、烹饪小组等。台湾南部也举办有职业探索训练营会，这些都是非常好的"替代品"。这些有趣的活动可帮助孩子认识自我，填补空虚。

许多药物滥用者都有抑郁症或多动症的倾向，而运动正是最佳治疗剂，特别是流汗的运动。运动过后大脑会释放多巴胺，让心情变得愉悦，有助于缓解压力，是上瘾的最佳替代品。

曾经有一个孩子从小就有多动倾向，很难专注，青少年时期染上毒品后混入帮派。他对功夫很有兴趣，将功夫用在讨债、帮派争斗、惹是生非等事情上，终于成了阶下囚。当他彻底悔悟后，转移注意力，重拾以往对功夫的热忱，经过一番努力后成为优秀的拳击手，彻底脱离了毒品的辖制。

有戒毒所的弟兄问我，"瘾"上来了怎么办？我的回答很简单——"跑步流汗"。

思考与讨论：

◎ 外在环境的改变，必须建立在成瘾者有意愿戒的基础上。如果对方不愿配合，该如何处理？

◎ 以上"外在环境"的改变，就你而言最难做到的是哪一点？为什么？

◎ 请比较"禁止""限制"和"监控"的不同。戒瘾一段时间后，最重要的是什么？

◎ 用健康的朋友圈代替旧有的朋友圈，会遇见什么困难？应如何克服？

◎ 当我们采用"监控"来帮助戒瘾者，会不会让他们觉得不舒服或不被信任？应该避免什么样的态度？又应该采取什么态度？

第十五章
真实的康复：复发

> 向下坠落从不曾是结果，事实上它造就了反弹。
> ——理查德·罗尔（Richard Rohr）

复发的真相与假象

"为什么他总是戒不掉？""不是已经好了吗？怎么又犯了？"复发是所有上瘾者及其家属的噩梦。好不容易戒掉，但后来又经不起诱惑。许多在戒毒所表现良好、彻底悔改的人，一旦踏入社会、回到家庭，没多久就又跌倒了。这让许多曾经帮助过他们的人非常失望，家人更是伤透了心！然而，真正的康复总是在跌倒过后产生。

什么是复发？我们通常以为，停用一段时间后又再度使用就是"复发"，但对上瘾者而言这是错误的。"复发"并不是在他再度酗酒、吸食毒品、观看色情网站的那一刹那开始的，真正的复发应该是当他变得自以为是、压力升高、欠缺判断力的时候就已经开始。

酗酒、用药只不过是显现复发的结果而已。复发并不是一个"意外",而是一个"过程",是因为一连串的决定导致最后的结果——再度使用。因此许多人在复发的初期缺乏这样的认知,以致最后落入所谓复发的陷阱。更糟糕的是许多戒毒所及家人都没有这样的认识及相关教导,直到最终又开始用药或酗酒才被发现,于是陷入一连串的争吵、责怪,这样的结果会导致上瘾者认为自己无药可救,干脆不戒了,反正戒不掉。

复发是有迹可寻的,绝不是表面的再度使用毒品或酗酒那样简单和突然。复发的步骤一般是:否定事实、自以为是→压力升高→缺乏判断力→使用毒品(酒精)。

有一句值得牢记的话可以送给戒瘾的人:"人若赚得全世界,赔上自己的生命,又有什么益处呢?人能够拿什么换生命呢?""自以为是,偏行己路"是导致复发的开始,他们认为停用一段时间就安全了,缺乏日常的警戒与学习,还是依循过去的生活模式,没有建立新的生活方式,在这种情形下复发并不意外。

"以为好了"并不代表"真正好了"。许多上瘾者已经长期"被训练"如何躲避查验(如携带假尿样等)。家长态度不一致也会促使孩子"在夹缝中求生存"。

曾经有位传道人的孩子告诉我,他曾经边吸毒、边带敬拜,但是没有人知道,家人还误认为他已经变好、浪子回头了!换言之,其实他们从来没有"康复"过,因为毒品从未离开过他们的心里。他们只是没有机会使用,并不是真实的康复,仅仅拥有康复的假象而已。

康复的假象在于,一些人以为能够做到一些事情就代表完全康复，让人心生松懈而导致复发。例如，有些人痛哭流涕、下跪发誓，有些人找到工作，到处做见证，或是结婚、回到学校等。这种虚假的康复无法长久维持，最后还是会被识破。

真正的康复是内在的、自觉的、不为人知的，却是最真实的。例如，孝顺；早睡早起；保持警戒，认为自己有可能复发；养成运动的习惯；寻找适合的团契与小组；身上永远不带过多的现金；愿意更换手机，删除不好的朋友；随时向家人报告身在何处。

许多复发都是因为只是将上瘾当作了疾病，认为只要从为期一年半的戒毒所出来之后就会康复，就会重获新生，就如同出院一样，事实上这是错误的。"没有机会用"并不等于"不想再用"。上瘾是"习惯"而不只是"疾病"，只是被隔离，没机会接触或没被发现，并不是真正的没有"复发"。

许多"复发"或"跌倒"根本不存在，因为一些上瘾者从来没有"真正康复"过。他们内心深处对毒品、色情、网络游戏、赌博等的渴望从未削减过。"再犯"的定义应该是戒瘾完成后一年以上再度使用者才能称为"再犯"。但是在戒毒所或在监狱时，是被迫隔离"不能使用"而不是"不愿使用"，两者差距很大。因此走出戒毒所或出狱后再度使用者不能称为"复发"，他们可能从来没有真正戒断过，只是被迫隔离而已。

一些人心中从来没有离开过瘾头，没有经历重获新生的喜悦，只有无尽的压力与苦闷，如果没有学会如何面对压力与苦闷，"复发"并不令人意外。即使从戒毒所毕业也不能保证从此以后就能成为新造的人。

许多上瘾者并不是因为自己醒悟，而是被家人逼迫进入戒毒所，在戒毒所学会表面的顺服，内心还存有对瘾头的思念，不会处理压力和苦闷，没有建立新的生活模式，走出戒毒所后没有支持团体，可能只是乖一阵子，没有经历真实的重生，也许半年后就会再度复发。当他们再度落入"瘾海"之中时，表面上看似再犯或复发，但实际上是因为没有培养出足够拒绝上瘾的能力。

为什么许多人从戒毒所或监狱返家后立刻又落入瘾的陷阱中？可归纳为以下几种原因：

1. 魔术般的想法

"如果我不再痛苦，我的问题就能解决。"——这是绝大多数人复发的原因。他们不愿意一步一步来，总是认为可以立刻解决问题，只要"快乐"，问题就能得到解决。

2. 被迫隔离

生活在无毒的环境里并不能带来真正的改变，隔离只是第一步而已，真正的戒瘾是来自内心更深层的改变，而不是被迫"不用"。

3. 旧有的朋友圈

从戒毒所出来立刻和原来的朋友连上线几乎是所有复发的源头，要达到真正的康复，一定会经常面临艰难的选择，拒绝和原来的朋友往来就是其中的一项。

4. 解决问题的方法没有改变

例如，有些人一旦面临感情问题就特别脆弱，也有人无法面对生活压力与挫折，如车子坏了、工作丢了、和邻居争吵等生活中的琐碎事项，都会引起他们的愤怒，进而用瘾来逃避。

5. 心中的黑暗面

真正的康复必须行在光明中，隐而未现的小秘密经常是通往瘾头的秘密通道。例如，偶尔偷看一下色情网站，或偶尔到吸食毒品的秘密基地……这些都是藏在心中的小秘密，很容易使人再度坠入成瘾的深渊中。

6. 过度信任自己

认为靠自己可以解决问题，对自己的软弱毫无认知。

许多药物滥用者在初期阶段不容易被察觉，他们通常有工作，生活作息也算正常，家人也认为只要有工作能够赚钱或回到学校就算正常，但是在他们内心深处仍然燃着熊熊烈火，一旦遇见助燃剂，如失恋、失业、人际冲突等，很容易一发不可收拾。

因此，家属必须帮助他们建立新的生活方式、找到新的支持团体，更重要的是和他们建立良好的关系，当他们受挫时会告诉家属或值得信任的朋友，然而这些都需要长期陪伴才能产生效果。

许多家属长期与上瘾者共同生活，无形中与上瘾者的互动模式出现问题，而家属或辅导员总是要当他们再犯后，才会发现上瘾不同的起因，并逐步帮助他们厘清核心问题。

复发并不代表戒治无效，从戒毒所毕业后再犯不代表浪费时间，戒毒所中所有的戒治与课程都是有益处的，只要处理得当，都是全人康复的基础，关键在离开戒毒所后有没有监督的力量？有没有找到原先毒品的替代品？有没有建立新的生活模式？心中有没有真正的偶像？

当他们复发后周围的人必须要保持的态度就是不能绝望、只能调整。绝望会让他们继续堕落，而调整会让他们向上努力。换言之，过去的教导并没有白费，而是成为他们向上的动力基础。

任何的掩盖都无法长久，最终一定会曝光，显露真实的面貌，让自己及家人看得更清楚，此时才会带来真正的康复。

复发可以帮助检视上瘾者的内在，带来真正的康复。

以下是一个真实的案例，能够说明复发的处理原则。

杰明在美国的一家戒毒所里表现良好，完成了一年半的训练课程，辅导员认为杰明真的很棒，而戒毒所里刚好欠缺人手，于是将杰明留在所中成为半职同工，白天在大学上课，晚上看守戒毒所。

无论是所中的辅导员还是杰明自己都以为毕业就代表"已经好了"，于是杰明开始在晚上偷偷喝酒和抽烟。杰明非常了解所中的作息并且懂得察言观色，掩盖得非常好，所中的辅导员丝毫没有察觉出异样。

在一次和所中的辅导员发生冲突过后，杰明暗自决定寻找毒品，给他一点教训："就是要吸给你看！"于是杰明变本加厉，开始在中途之家吸毒，差点送掉性命。

实际上，并不是当他开始再度使用才叫"复发"，当他"想要"再度使用时，就已经复发了。他可能很早就想要吸食毒品，但是一直没有机会，有个案表示当他戒完后就想要吸毒，心中盘算等存够了钱、想好了如何不被发现、找到供应毒品的源头，才开始使用，从"想要用"到"真的用"中间大约间隔了六个月。

前述案例中的杰明其实很早就已经动了吸毒的念头，半夜外出喝酒、抽烟就是征兆，只是没被发现而已。杰明在戒毒所被迫隔离毒品，但是一旦接触外界的诱惑，加上所中辅导员的疏忽和经验不足，以致没有被发现，很容易就再度落入成瘾的陷阱中。

当杰明被发现吸毒过量时，母亲急忙赶到中途之家陪伴了一段时间，杰明被母亲永不放弃的爱感动了，也非常后悔，理解从戒毒所毕业不代表"已经好了"，于是休学返家调整自己的身体和心灵，一如在戒毒所的作息：早睡早起、协助家务、按时聚会、每天运动，当时我也陪伴了他一段时间，帮助杰明认识到自己的软弱。经过评估确认他已经悔改，才允许他返回学校，但是必须由母亲监控银行账户及学校成绩。

目前杰明不但大学毕业，而且表现优异，被著名大企业招聘，真正成为全新的人。这段复发的经历其实对杰明日后的康复是有帮助的，18个月的课程更是日后康复的基础，关键在复发后杰明心中深深的懊悔以及家长没有放弃。

戒瘾者必须认清，复发是从想法开始的，当有"想要用"的意愿时，就应该立即寻求帮助。因此，找到可以信任的辅导者及按时聚会非常重要。借着沟通与正向分享，衡量后果及代价，逐步放弃"想要用"的念头。

康复不是"停用"，而是"转化"

真正的康复不是"结论"而是"过程"。康复并不是停止用药、酗酒、赌博或不看色情网站，真正的康复是生命的转变以及生活状态的全面调整，换言之，不是"停用"而是"转化"。生命的转化绝对不能只依靠我们自己的力量，我们不可能一次解决人生所有的问题，也无法一年半载就得到改变，必须要不断地"心意更新而变化"。

绝大多数的"复发"是因为他们从未经历康复后的喜悦，他们只是迫于无奈停止已经上瘾的习惯。真正的康复必须从内心真实的降服开始，从心灵深处认识自己的软弱及无能，并且谦卑地寻求帮助。然而，没有经历复发就没有真实的降服。因此复发是转化生命的必经历程。

如何在失败中成长，并且经历生命的转化？我认为必须经历三个主要的阶段：第一，改变处理问题的模式；第二，形成健康的生活状态；第三，发展预防复发的方法。

前文提及的"内在心态的调整"和"外在环境的改变"都是帮助我们改变处理问题的模式及形成健康的生活状态，然而上述第三阶段中，往往必须透过"复发"才能发现问题的根源。"再犯"可以帮助我们更明白真相。这个真相就是承认自己是软弱的，必须依靠外在监督的力量、内在信仰的力量，才能真正挣脱捆绑。

台湾南部沐恩之家的负责人李国扬牧师从事戒毒已经超过20年，让我印象最深刻的就是他告诉我，直到如今他都没有银行卡，身上也没有过多的现金，薪水一定交给妻子保管，如此才能保持警醒，免得遭受诱惑。

连戒毒这么多年的李牧师都这样，更何况其他刚戒完毒的人？他知道无论自己多坚强，但毒品的力量更强大，只有如此才能维持"无毒一身清"的状态。

前文提及复发其实是有征兆的，每一个人的征兆都不同。预防复发的方法必须是每天都能执行的。曾经有个年轻人看色情网站上瘾，于是他列出偷看色情网站的30项害处，每天早上将这30项害处大声朗读一遍再开始他的日常作息。我也常鼓励手机成瘾者不要将手机放在睡觉的房间充电，目的就是让他们认识到并承认自己的无能，才能远离诱惑。

另外，每天读或默想也是不错的预防方法。上瘾是一种习惯，必须要建立另一个健康的习惯来代替。上瘾也和朋友有关，因此要找到你的陪伴者，这个陪伴者不一定要在你身边，但是你必须要诚实以对，愿意让他来监督你。

发现戒瘾者复发，应如何处理？

1. 立即停止

无论复发多久，都必须立即停止。不要存有侥幸心理，认为可以控制或下次再戒，使用时间越久越难脱离，再度落入上瘾习惯就好像房子被烧一样，你不可能等房子被烧一星期再想办法灭火，而应该立即停止。

2. 再次经历"转折点"

必须要为自己的再犯行为负责，将前述的"转折点"及"戒瘾步骤"再经历一遍。通常如果再犯的话，经历"转折点"会更加痛苦，被人弃绝，抱着既然做不到就干脆继续堕落下去的心态。此时辅导者要帮助他们检视为何再犯以及如何避免，提出可以长期监控的行动方案，并且说明再犯是检视自己的最好机会。

3. 接受帮助

依靠自己的意志力是无法戒掉的。面对人性的弱点，我们应该远离而非"挑战"，同时必须深刻地认识到"靠自己做不到"，只有如此才能够"做得到"。谦卑地认错悔改，从内心深处接受他人的帮助，而不只是依靠"自己的克制能力"。面对再犯者，我们不应放弃，要坚持相信一定会有机会，而不是对他们妄加审判。他们曾经享受过"没有上瘾"的美好日子，只要不盲目自信，家人不放弃，就会逐步迈向康复。

4. 持续成长

迈向康复是一条艰辛的路途，不要幻想生活的艰难会立刻消失，而是要不断地透过失败学习成长。

5. 爱与接纳

他们必须要为自己的再犯行为负责，同时承担应有的结果，但是当他们真心悔改、愿意无条件被监控时，无论是家长还是辅导者都应该真心地接纳。接纳的含义不是向罪错妥协，而是给他们机会。其实"再犯"就像股票上升曲线，虽然起起落落但整体是往上提升的，历经复发后，其实他们也很难过。爱与接纳会带来盼望，不至于跌入更大的深渊。

许多家长问我："接纳他，如果他再犯、再胡作非为该怎么办？"我的回答是："家属必须拥有勇气让他接受再犯的结果，可能是法律制裁，可能是扫地出门。但是如果他时刻保持警醒、没有再犯，就好好享受天伦之乐吧！"

在我辅导的个案中几乎没有"不会再犯"的，也包括我的孩子。当时的我几乎被击溃，但是身为辅导者兼家长的我，最终没有放弃，虽然暗地伤心难过，但是更懂得照顾自己的身体和心灵，准备迎接孩子回头的日子。

除相关家属团的成员及亲近的家人之外，尽可能不让戒瘾者接触其他闲杂人员，以免受到二度伤害。可以经常进行户外活动、爬山，接触大自然。家属应当了解再犯的原因，最重要的是戒瘾者是否悔改，是否愿意弃绝毒品。我们要帮助孩子厘清再犯的原因，并且研拟替代方案与监督方案。辅导者和家属合作逐步将复发的孩子一个一个从"仇敌"的手中赢回来，成为迈向康复的人。

曾经有孩子在美国戒毒两年后回到社会，一切看似正常，没想到竟然在中途之家再度染毒，差点丢了性命。然而家长并没有因此放弃或责怪任何人，经历这次复发孩子也非常懊恼，于是我和家长一起建立和发展预防与监督系统，孩子愿意接受一切监督与方案，不再只是依靠自己。虽然历经复发，但是过去两年在戒毒所的努力并没有白费，现在的他不但彻底脱离了毒品的捆绑、顺利从大学毕业，而且拥有了他所向往的工作：高中老师。他以自身的经历帮助许多在成瘾中挣扎的青少年，并且以感恩的心到美国戒毒所帮助其他年轻人。

和前述的案例一样，同性恋者同时也是艾滋病毒携带者的袁幼轩教授，之所以能够脱离毒品与性滥交的捆绑，最重要的就是母亲无尽的爱与接纳。这就是为什么我始终认为家长是上瘾者迈向康复最重要的一环，因为只有父亲、母亲才不会放弃自己的孩子，才能做到"永不止息的爱"！

辅导者或家属千万不要和"再犯"的噩梦绑在一起，要明白无论他们再犯多少次都是他们自己的选择，与你无关，也和戒瘾失败无关，这是迈向康复必经的历程。你能做的就是让他们承担再犯的结果，引导他们愿意被监督，重新站立起来。用无尽的爱给他们盼望及鼓励，永不放弃。

思考与讨论：

◎ 真正康复的意义是什么？哪些表现容易被误认为"康复"？

◎ "爱是永不止息"这句话用于戒瘾过后再犯的人，有何意义？这和一味包容或姑息有何不同？

◎ 当戒瘾者复发时，如果家属放弃，会产生什么样的后果？又会失去什么机会？

◎ "不能用"和"不想用"最大的差异在哪里？隔离的盲点在哪里？该如何补救？

◎ 从戒毒所或监狱出来而马上再度使用毒品，为什么不能称为"复发"？

◎ "复发"可以带来什么样的帮助？请举例说明。

结语

最后的胜利

"上瘾"是最深沉的灵魂堕落，而"灵魂苏醒"则需要经历漫长的过程，在这个过程中总会跌跌撞撞，起起落落。当你所爱的人决心悔改，会让你雀跃不已，但没多久可能又回到原来的堕落状态，让你痛心疾首。

　　牧羊人寻找迷失的羊，是留下那九十九只羊在旷野，付出极大的代价及风险才找着的。上瘾的陪伴也是一样，必须付出极大的代价。

　　如果人的一生充满欢乐、享受，但却以悲剧收场，那么就是一场悲剧。相反，虽然人生的旅程充满痛苦与泪水，但在结尾时却是以喜剧收场，人生就会是一场喜剧。我们必须怀抱着盼望——活着就有希望。

　　无论你是家长还是辅导者，必须让上瘾者经历"错误选择"的结果，让他产生悔改的心，但更重要的是要有永不放弃的爱，相信任何的艰苦过程背后一定有美善的结果。

　　身为陪伴者不要在乎旅程的长短，而是要确定旅程的终点是否以"喜剧"收场。

　　失望总是难免，但不要绝望！因为苦难、挫折只是迎接胜利的过程，最终必然会胜利！